云南交通职业技术学院
利用德国促进贷款改善办学条件建设项目
系列实训指导书编委会

主　任：李云霞

副主任：晏　杉　　赵庆樱　　陈　静

编　委：赵秀华　　武春平　　陈云江　　王艳苹　　李　婷

　　　　刘录松　　张艳芳　　王钱静　　姜　丹

企业经营管理沙盘模拟实训指导书

主 编 杨利勤 赵 璐
副主编 张亚薇 马艳秋 吕玉玲 时 间
参 编 罗春红 罗滟莎 马 瑾 李洁婷
　　　余 静 黄佳丽

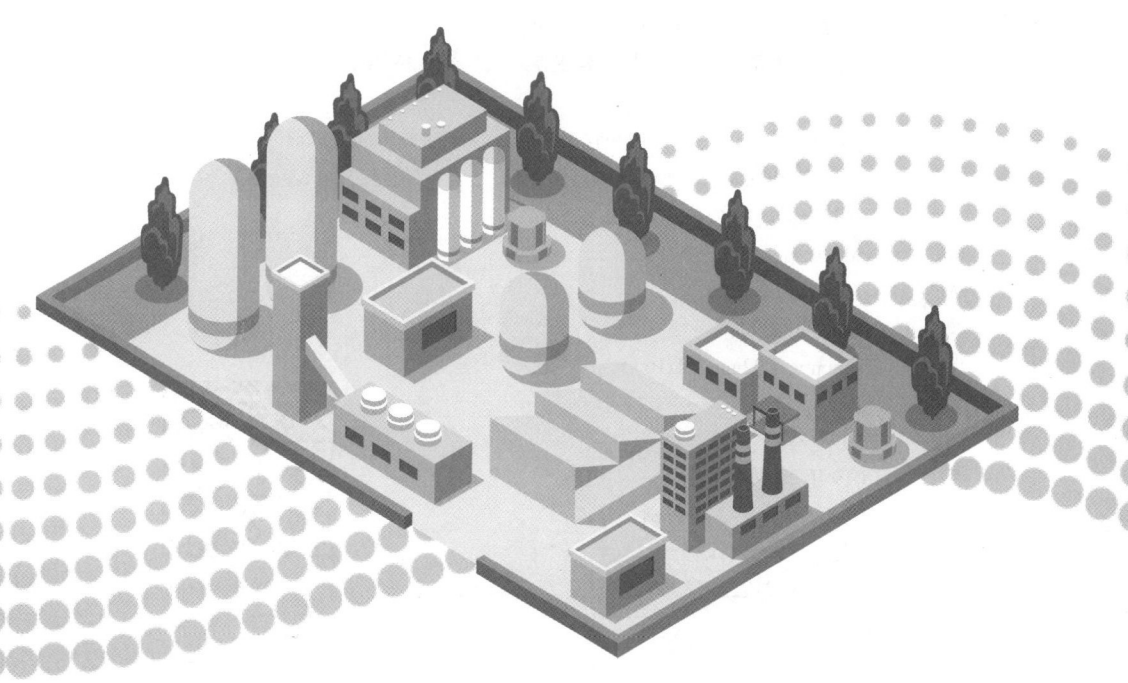

云南出版集团
云南人民出版社

图书在版编目（CIP）数据

企业经营管理沙盘模拟实训指导书 / 杨利勤，赵璐主编 . -- 昆明：云南人民出版社，2019.10（2022.9 重印）
ISBN 978-7-222-18630-9

Ⅰ . ①企… Ⅱ . ①杨…②赵… Ⅲ . ①企业管理—计算机管理系统—教材 Ⅳ . ① F270.7

中国版本图书馆 CIP 数据核字 (2019) 第 220307 号

出 品 人：赵石定
组稿统筹：冯 琰
责任编辑：武 坤
责任校对：王曦云
装帧设计：李 洁
责任印制：代隆参

企业经营管理沙盘模拟实训指导书
QIYE JINGYING GUANLI SHAPAN MONI SHIXUN ZHIDAOSHU

主　编：杨利勤　赵　璐
副主编：张亚薇　马艳秋　吕玉玲　时　间
参　编：罗春红　罗滟莎　马　瑾　李洁婷　余　静　黄佳丽

出版	云南出版集团　云南人民出版社
发行	云南人民出版社
社址	昆明市环城西路 609 号
邮编	650034
网址	www.ynpph.com.cn
E-mail	ynrms@sina.com
开本	787mm×1092mm　1/16
印张	13.75
字数	230 千
版次	2019 年 10 月第 1 版 2022 年 9 月第 2 次印刷
印刷	昆明理煋印务有限公司
书号	ISBN 978-7-222-18630-9
定价	38.00 元

如需购买图书、反馈意见，请与我社联系
总编室：0871-64109126　发行部：0871-64108507　审校部：0871-64164626　印制部：0871-64191534

版权所有　侵权必究　印装差错　负责调换

云南人民出版社微信公众号

前　言

企业沙盘模拟培训源自西方军事上的战争沙盘模拟推演。这种方法同样适用于企业对各层次管理人才的培养和锻炼，尤其是基层管理人员。目前，沙盘模拟培训已风靡全球，成为企业经营管理能力培训的首选课程。

本指导书立足于经济管理类专业的理论体系和基础知识，针对企业经营管理过程的全部阶段，通过沙盘，实现仿真的情景模拟、分组对抗、团队决策、网络操作、案例分析、专家点评、计算机评比考核；同时也是理论结合实际的锻炼舞台，实训者通过"六年"的经营，真正参与到企业的模拟经营决策中；让学生从沉闷的课堂走出来，在一个生动的环境中感受体验式教学，激发其学习乐趣和欲望，实现自发学习。

本指导书包括实战训练和对抗赛两大模块：实战训练模块包括企业经营实战沙盘认知、企业经营实战体验、企业经营实战演练、企业经营实战分析与总结4个项目；对抗赛模块包括3轮6年的全过程模拟经营实战竞赛。全书以可操作性和实用性为宗旨，实现做、学、教相结合；整合实训流程和知识链，体现理论和实践一体化；特别对配套的电子沙盘操作作了详细的说明，充分体现了寓教于乐、实用创新的特点和强化训练学生职业能力的思想，是一种全新的实训模式，实现了教学组织创新、教学内容创新、教学手段创新、教学模式创新、教学评价方式创新。

本指导书依托于中教畅享沙盘教学系统和近年来国赛、省赛的比赛规则，并结合编者多年从事企业经营管理沙盘教学、培训与竞赛指导的经验提炼而成。模块一由杨利勤编写，模块二由张亚薇编写，赵露负责全书审稿。在此向给予帮助的各位专家及老师表示衷心的感谢！特别感谢中教畅享（北京）科技有限公司的王鹏老师！

由于编者水平有限，恳请广大读者批评指正。

实训基本信息

学 生 姓 名：_____

专　　　　业：_____

学　　　　号：_____

班　　　　级：_____

校内指导教师：_____

校外指导教师：_____

实 训 时 间：_____

实 训 地 点：_____

实 训 成 绩：_____

目　　录

模块一　企业经营管理沙盘实战训练 ·· 1

  项目一　企业经营实战沙盘认知 ··· 2

    任务一　认识企业经营实战沙盘 ··· 2

    任务二　组建企业经营团队，明确职能分工 ··· 6

    任务三　熟悉企业经营规则 ··· 13

    任务四　接手所要经营的企业 ·· 34

    任务五　企业经营前的准备工作 ··· 42

  项目二　企业经营实战体验 ··· 52

    任务一　企业经营初体验（起始年经营） ·· 52

    任务二　编制起始年年末财务报表 ·· 58

    任务三　企业经营实战沙盘对抗经验总结 ·· 61

  项目三　企业经营实战演练 ··· 66

    任务一　第一年度经营 ·· 68

    任务二　第二年度经营 ·· 73

    任务三　第三年度经营 ·· 79

    任务四　第四年度经营 ·· 85

    任务五　第五年度经营 ·· 91

    任务六　第六年度经营 ·· 96

  项目四　企业经营实战分析与总结 ·· 102

模块二　企业经营管理沙盘模拟对抗赛 ································· 116

　　项目一　企业经营管理沙盘对抗赛初赛 ································· 118

　　项目二　企业经营管理沙盘对抗赛复赛 ································· 149

　　项目三　企业经营管理沙盘对抗赛决赛 ································· 179

参考文献 ··· 209

模块一　企业经营管理沙盘实战训练

【目的和意义】

1. 企业经营管理实训是经济管理专业教学中的一个重要实践性环节，是提高教学质量的必要条件；

2. 实践不仅能够使学生将所学的管理知识与企业的管理实践有机地结合起来，而且能够提高学生分析与解决企业实践中有关管理问题的能力；

3. 实践不仅能够培养学生爱岗敬业的精神，而且能够培养学生严谨的科学态度和独立的工作能力；

4. 实践是对大学生实施素质教育的不可缺少的重要教学环节，也是提高教学质量的重要保证，有着十分重要的意义。

【要　　求】

1. 对指导教师的要求：

（1）指导教师必须提前深入了解场地情况，熟悉各个岗位，结合课程特点，拟订切实可行的计划；

（2）实践过程中，指导教师既要大胆放手，培养学生独立工作能力，又要加强指导，严格要求，组织好各项实践教学活动，指导学生完成实践活动；

（3）指导教师要做好学生的思想工作，关心学生生活；

（4）结束后，指导教师及时做好学生的成绩考核。

2. 对学生的要求：

（1）学生必须按照计划的安排，每天准时到达地点，不迟到、不早退，不无故缺席；

（2）虚心求教老师，尊重管理人员，在教师的指导下，认真做好笔记，写好总结（2000字以上）；

（3）实践期间，班干部要主动协助老师，做好各项工作，发挥党、团员先锋模范作用。

项目一　企业经营实战沙盘认知

任务一　认识企业经营实战沙盘

企业沙盘模拟培训源自西方军事上的战争沙盘模拟推演。战争沙盘模拟推演通过红、蓝两军在战场上的对抗与较量，发现双方战略战术上存在的问题，提高指挥员的作战能力。英、美知名商学院和管理咨询机构很快意识到这种方法同样适合企业对中、高层经理的培养和锻炼，随即对军事沙盘模拟推演进行广泛的借鉴与研究，最终开发出了企业沙盘实战模拟培训这一新型现代培训模式。

目前，沙盘模拟培训已风靡全球，成为世界 500 强企业中高层管理人员经营管理能力培训的首选课程。

随着电脑模拟软件教学模式的推广，各个高校也陆续从国外引进一些模拟软件，电子沙盘正是在这种环境下应运而生的。

【用　　途】

电子沙盘是一款面向教育的产品，它通过模拟企业运营，使学习者在主导"企业"各项经营管理活动的训练过程中体验得失，总结成败，进而领悟科学管理规律，提高经营管理能力。

通过电子沙盘模拟训练，学员可以达到以下目的：

（1）理解经营，促进管理，为复合型管理人才培养奠定基础；

（2）了解企业运营流程，打破狭隘的部门分割，增强管理者的全局意识；

（3）克服极端现实主义，树立为未来负责的发展观，构建战略纵深思维；

（4）演练团队决策，培养群体决策的智慧和习惯；

（5）寻求不断提升组织绩效的管理改进路径，学习不同形式的管理改进方法，树立持续改进的管理思想；

（6）暴露管理误区，警示管理漏洞，训练有利于企业发展的管理思想和方法；

（7）通过生动鲜活的现场案例，认识不同竞争战略与经营业绩之间的逻辑关系，反思现实企业战略安排的正确性；

（8）通过模拟经营，提高决策者洞察市场、理性决策的能力；

（9）练习管理沟通，体验交流式反馈的魅力，学习建设积极向上的组织文化；

（10）拓展管理视角，立足产业链价值分配原则，谋求有利于企业发展的外部条件。

【特　　点】

（1）合理的实验数据，流畅的业务流程，真实的企业案例；

（2）立体化教学资源，减轻"教"的负担，提高"学"的乐趣。

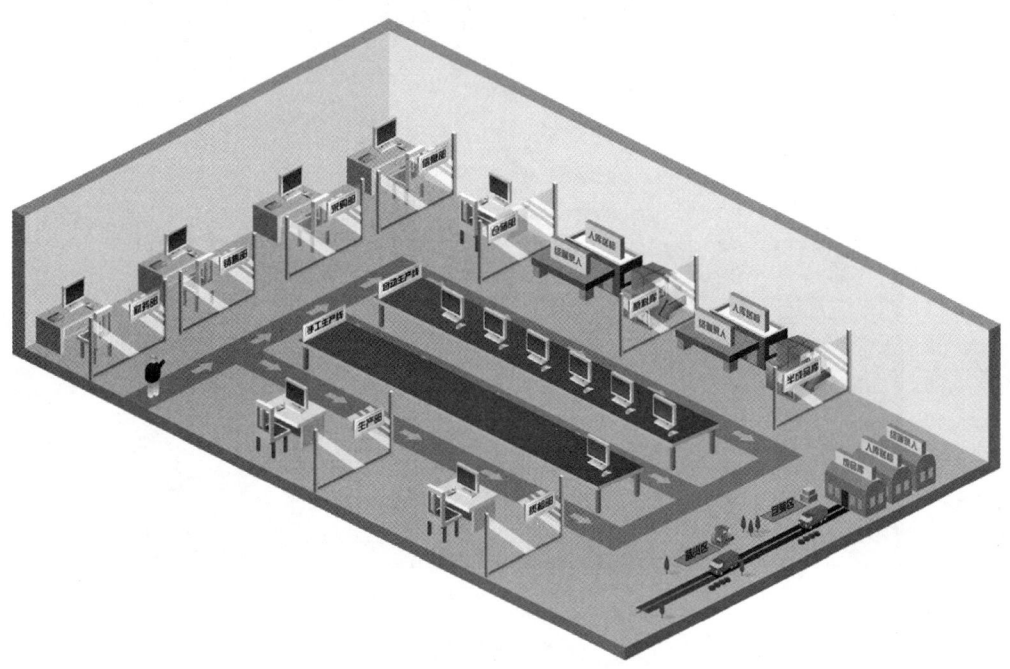

模拟企业场景——软件系统截图

【教学特色】

（1）模拟企业环境，促使学生主动去思考、主动加入群体活动中去完成实验；

（2）模拟真实企业流程，在仿真企业环境中，以企业业务流程为连接线，将各个业务部门、各个职能岗位有机地连接在一起，使每个实验者更深切地体会局部与整体的关系，体会到企业基于流程的运作模式；

（3）模拟职能岗位，每个岗位都具有相应的责、权、利，让每个学生都找到相应的"职业角色"的感觉。

学，角色体验，掌握岗位职责，熟悉业务流程；

教，情景导航，展现企业架构，体验经营过程；

练，业务模拟，感受ERP魅力，提升企业管理；

用，应用实践，驾驭企业运营，保持基业长青。

寓学于用，通过业务模拟，体验经营的魅力。

从实践中提升理论水平。

◆ 仿真企业环境

◆ 模拟职能岗位

◆ 仿真企业业务流程

◆ 真实的团队合作管理

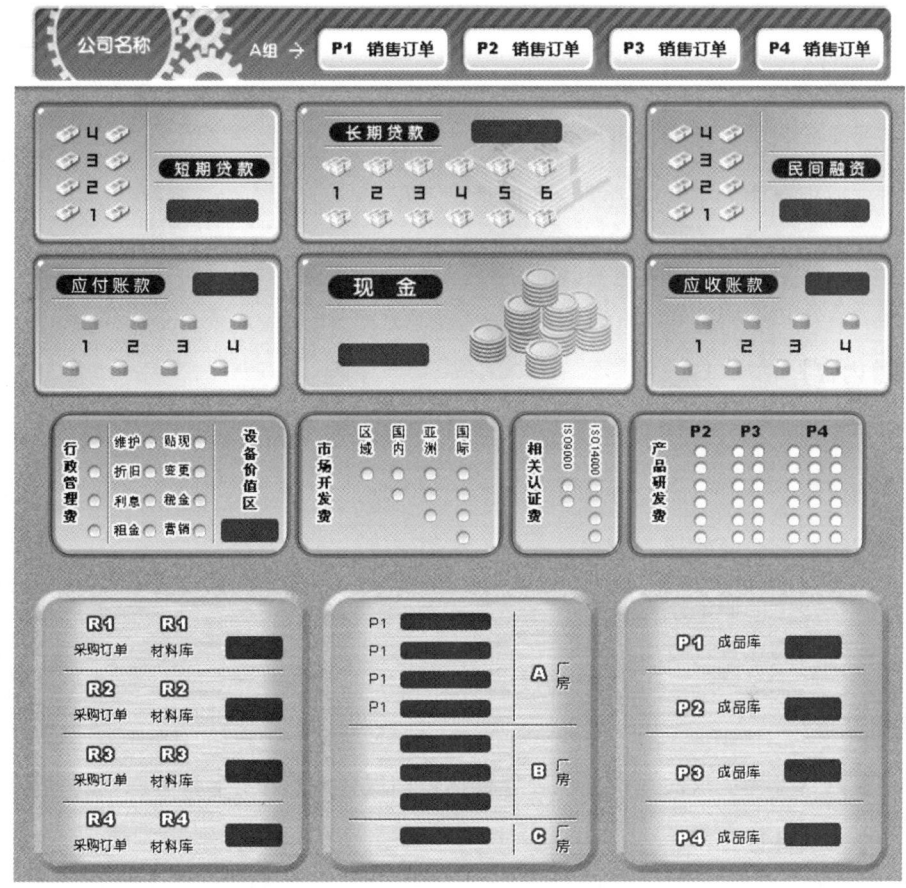

【课程特色】

学习新知识、获取新理念

分享新经验、启发新思路

团队的竞争、团队的合作

充分检验一个团队的能力

获得团队和单项大奖机会

沙盘特别之处：情景模拟、分组对抗、团队决策、网络操作、案例分析、专家点评、计算机评比考核；同时也是一次理论结合实际的锻炼舞台，参赛者通过"六年"的经营，真正参与到企业的模拟经营决策中；让学生从沉闷的课堂走出来，在一个生动的环境中感受体验式教学，激发其学习乐趣和欲望，实现自发学习。

任务二　组建企业经营团队，明确职能分工

【实验目的】

1. 掌握实验教学目标和基本要求；

2. 建立模拟企业，了解制造型企业的运营流程；

3. 团队组建，确定角色；

4. 熟悉各角色的职能定位。

【实验内容】

1. 学员分组；

2. 角色分配；

3. 讲解制造型企业的运营流程；

4. 讲解各角色的职能定位；

5. 诠释企业经营的核心理念。

【实验准备】

1. 沙盘教具1套：盘面6张，代表各种物料和现金的彩币；

2. 教学多媒体设备；

3. 各种表单。

【实验要求】

1. 每组4~5人，构成6~12个相互竞争的模拟企业；

2. 成员要合理搭配（性别、个性等），尽量避免同类型的人分在同一组；

3. 角色一般分为CEO、CMO、CFO、COO、CPO等，如人员较多时，可适当增加商业间谍、财务助理等角色；

4. 明确每个角色的职能定位和岗位责任；

5. 在实验的过程中，各角色可以互换，以体验不同角色的决策特点。

【操作指导】

1. 根据人员的多少确定各模拟企业的人数；

2. 由班干部负责合理分组；

3. 各模拟企业沟通后确定本企业的 CEO；

4. 由 CEO 确定其他角色的人选；

5. 团队成员根据所担任角色熟悉自己的职能定位和岗位责任；

6. 各企业确定自己的企业使命和愿景；

7. CEO 发表就职演说。

【沙盘模拟演练基本纲领】

1. 企业管理的概念、内涵。

2. 战略管理。

（1）企业外部环境分析。

● 总体环境；

● 行业环境：竞争的激烈程度分析、SWOT 分析；

● 竞争环境：分析竞争对手。

（2）企业内部环境分析。

● 资源，包括企业内部人、财、物以及信息等资源的利用及分配；

● 能力，包括企业生产能力、市场获取能力、销售能力等；

● 核心竞争力，分析企业竞争优势劣势、财务管理数据。

3. 市场营销。

主要包括营销环境的分析及营销战略的制定：市场细分、客户开拓、目标市场定位、营销的差异化、渠道管理等。

4. 生产运作管理。

（1）生产与运作战略；

（2）生产能力及其核定；

（3）生产计划的制订；

（4）库存管理。

5. 成本控制、人力资源管理。

管理团队

6. 团队合作基本知识。

给您一个展示自己经营能力的舞台！

【经营开始——高层管理团队角色介绍】

1. 角色名称：CEO（总裁）。

岗位职责：制订企业发展战略规划；

带领团队共同决定企业决策；

审核财务状况；

听取企业盈利（亏损）状况。

注意：在沙盘模拟中 CEO 发挥最大职能，如果所带领的团队在模拟对抗中意见相左，由 CEO 拍板决定。

2. 角色名称：CSO（营销总监）。

岗位职责：稳定企业现有市场，积极拓展新市场；

预测市场，制订销售计划；

合理投放广告；

根据企业生产能力取得匹配的客户订单；

沟通生产部门按时交货；

监督货款的回收。

沙盘模拟中的任务及规则：

（1）制订广告方案。

（2）参加订单竞单。

沙盘模拟中的物理沙盘操作：营销总监将获得的订单按照货品放到物理沙盘订单的规定区域中。

（3）交货给客户。

沙盘模拟中的物理沙盘操作：若为订单（0 账期）付款，营销总监直接将现金置于现金库，财务总监做好现金收支记录；若为应收账款，营销总监将现金置于应收账款相应账期处。

（4）市场开拓、ISO 资格认证。

沙盘模拟中的物理沙盘操作：

①新市场开拓：营销总监向财务总监申请开拓市场的现金，放置在要开拓的市场区域，由财务助理配合做好现金支出记录。

②ISO认证投资：营销总监向财务总监申请认证现金，放置在要认证的区域，由财务助理配合做好现金支出记录。

3. 角色名称：COO（生产运营总监）。

岗位职责：生产计划的制订者和决策者，生产过程的监控者；

负责企业生产管理工作；

协调完成生产计划，维持生产成本；

落实生产计划和能源的调度；

保持生产正常运行，及时交货；

组织新产品研发，扩充、改进生产设备；

做好生产车间的现场管理。

沙盘模拟中的任务及规则：

（1）产品研发投资。

沙盘模拟中的物理沙盘操作：按照年初制订的产品研发计划，生产部主管向财务总监申请研发资金，置于相应产品技术投资区。财务总监做好现金收支处理。

（2）更新生产、完工入库。

沙盘模拟中的物理沙盘操作：

①更新生产：由生产总监将各生产线上的在制品向前推进一格。

②完工入库：产品下线表示产品完工，将产品放置于相应的产成品库。

（3）购买、转产、变卖生产线。

沙盘模拟中的物理沙盘操作：

①购买生产线：生产总监向供应商购买所需要的生产线，并不是将现金交给供应商，而是按照生产线的安装周期和投入，将安装费用放在生产线区域。如果安装完毕，生产线就可以使用了。

②转产：将物理沙盘上的转产产品牌换成新的产品牌。

③变卖：将不使用的产品线卖掉，把需要卖掉的生产线交给供应商，并取得相应收入，放在现金区。

（4）开始新的生产。

沙盘模拟中的物理沙盘操作：这个任务需要生产总监、仓库主管和财务总监共同来完成。生产总监根据产品结构到仓库领用相应原料，财务总监支付工人的加工费，将原料、加工费放入小桶中置于生产线上第一个生产周期处。

（5）支付设备维护费。

沙盘模拟中的物理沙盘操作：生产总监从财务总监处取相应现金，置于沙盘上的"维护费"处，并做好现金收支记录。

4. 角色名称：CFO（财务总监）。

岗位职责：筹集和管理资金；

　　　　　做好现金预算，管好用好资金；

　　　　　支付各项费用，核算成本；

　　　　　按时报送财务报表，做好财务分析。

沙盘模拟中的任务及规则：

（1）支付税金。

（2）短期贷款、支付利息。

（3）更新应收账款、归还应付账款。

（4）支付行政管理费。

（5）长期贷款。

（6）购买（或租赁）厂房。

（7）折旧。

说明：①在本课程中默认厂房不提折旧。

②厂房可以随时使用，年底再决定是否购买所用的厂房。如果决定购买，则支付相应的现金，将支付的现金放入厂房价值区；如果决定不购买，则必须支付租金，支付的租金不考虑厂房开始使用的时间，只要在年底时不购买厂房，则必须支付全年的租金。

③厂房可随时按购买价值出售，得到的是与购买厂房价值相等的现金。

（8）关账。

一年的经营下来，年终要做一次"盘点"，编制"利润表"和"资产负债表"，在报表做好之后，指导教师将会取走沙盘上企业已支出的各项费用，为来年做好准备。

5. 角色名称：CPO（采购主管）。

岗位职责：筹集和管理资金；

　　　　　做好现金预算，管好用好资金；

　　　　　支付各项费用，核算成本；

　　　　　按时报送财务报表，做好财务分析。

沙盘模拟中的任务及规则：

（1）接受并支付已订购的货物。

（2）下材料计划。

6. 角色名称：财务助理。

岗位职责：日常现金收支管理；

　　　　　定期审核企业经营状况；

　　　　　核算企业经营成果；

　　　　　制定预算；

　　　　　对成本数据进行分类和分析。

沙盘模拟中的任务及规则：

（1）支付税金。

沙盘模拟中的物理沙盘操作：请财务助理按照上一年度利润表的"所得税"一项的数值，取出相应的现金放置于沙盘上的"税金"处，并做好现金收支记录。

（2）短期贷款、支付利息。

（3）更新应收账款、归还应付账款。

沙盘模拟中的物理沙盘操作：财务助理将应收款向现金库方向推进一格，到达现金区时即成为现金，做好现金收支记录。

（4）支付行政管理费。

（5）长期贷款。

（6）购买（或租赁）厂房。

沙盘模拟中的物理沙盘操作：A厂房为自主厂房，如果本年在C厂房中安装了生产线，此时要决定该厂房是购买还是租赁。如果购买，财务助理取出与厂房价值相等的现金置于沙盘上的厂房价值处；如果租赁，财务助理取出与厂房租金相等的现金置于沙盘上的

"租金"处，无论购买还是租赁，财务助理应做好现金收支记录。

（7）折旧。

沙盘模拟中的物理沙盘操作：财务助理从设备价值中取折旧费放置于沙盘上的"折旧"处。当设备价值下降至3M时，每年折旧1M。

（敲黑板）课程开展中的注意事项：

1. 角色互换；

2. 团队协作；

3. 亲自操作，亲身感受；

4. 诚信经营，盘面信息真实。

【作　业】创建企业，组建团队，认清职责

企业名称：	CEO：
你扮演的角色及职责：	
企业标志：	

【重　点】

实训过程中各角色的作用

在企业运营这样一艘大船上，CEO是舵手、CFO保驾护航、市场总监冲锋陷阵……在这里，每一个角色要各负其责，齐心协力才能取得最终的赢利！

任务三 熟悉企业经营规则

【实验目的】

1. 掌握模拟企业运营的规则；

2. 了解企业运营中所涉及的主要决策事项；

3. 使学生能够做到合法经营。

【实验内容】

1. 市场划分与市场准入；

2. 销售会议与订单争取；

3. 厂房购买、出售与租赁；

4. 生产线购买、转产与维修、出售；

5. 产品生产；

6. 原材料采购；

7. 产品研发与 ISO 认证；

8. 融资贷款与贴现。

【实验准备】

1. 多媒体教学设备；

2. 沙盘教具；

3. 规则清单。

【实验要求】

1. 逐项了解和练习企业运营应该遵循的规则；

2. 每个岗位熟悉并掌握自己应该负责的决策事项；

3. 能够根据规则组织模拟企业的经营活动。

【操作指导】

1. 总裁带领经营团队分析企业目前拥有的市场和有待开发的市场，演习市场开发的方法；

2. 营销总监进行广告投放，参加订货会议，演习选择订单的顺序；

3. 生产运营总监演习厂房购买、出售与租赁；

4. 生产运营总监演习生产线购买、转产、维修与出售；

5. 生产运营总监演习各产品的结构与上线生产；

6. 采购总监演习原材料采购与入库操作；

7. 营销总监演习产品研发与国际体系认证的方法；

8. 财务总监演习融资贷款与贴现。

【知识点】

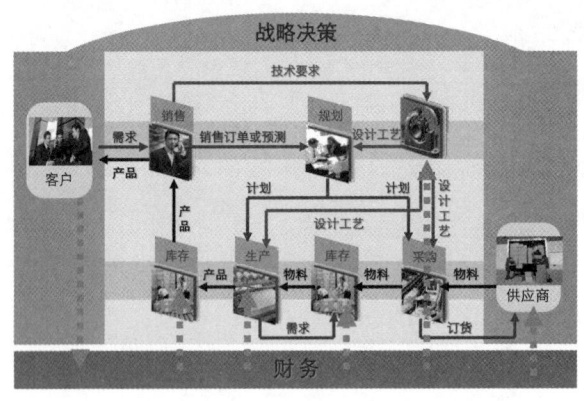

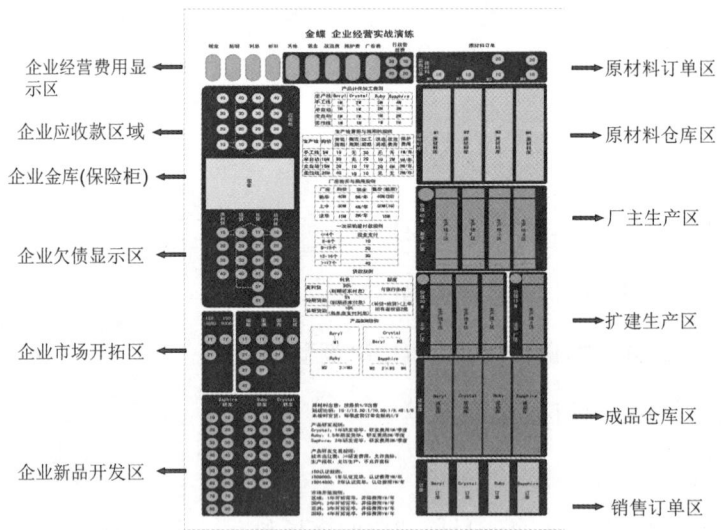

电子沙盘教具截图

【模拟企业数据】

教具介绍：

Q 表示季度（期），我们现在 1 年按 4 季度操作，不是按月操作。

例：1Q 表示 1 季度后，Q3 表示 3 季度。

Y 表示年，1 年 4 季度，4 期表示 1Y=4Q。

1 个橙色片代表 1 千万人民币筹码，1 个黄色片代表 1 百万人民币筹码。黄色片上写字的表示原材料订单（不算钱）。

绿色片代表原材料，按片上的标签名称表示不同的原材料。

角币：1 个角币代表 1 百万人民币。

数字+M＝几百万人民币，M+数字＝原材料1、原材料2……，注意两者的区别。（M 既是百万的第一个字母，又是原材料的第一个字母。数字在前和后不一样）

1 个绿色片（原材料）的价格是 1 百万人民币，每个原材料必须用 1 个角币才能买到。（或应付款）

在制品（产成品）：按照沙盘中间生产线的价值投产，例：Beryl 的在制品由 1 个角币和 1 个 M1 组成，它的价值就是 2 百万，以此类推。

沙盘教具介绍：

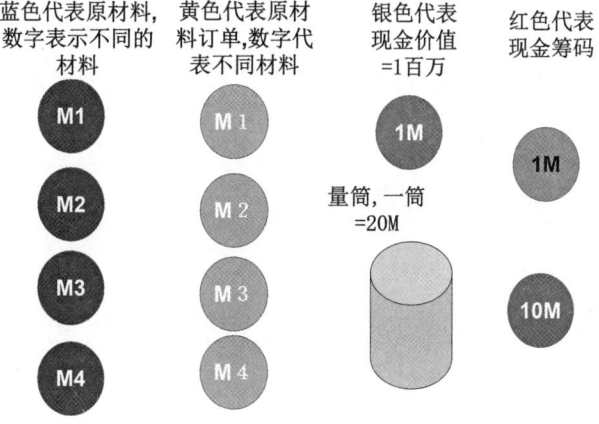

1. 融资。

贷款类型	贷款时间	贷款额度	年息	还款方式
长期贷款	每年年初	所有长贷和短贷之和不能超过上年权益的3倍	10%	年初付息，到期还本；每次贷款为10的倍数
短期贷款	每季度初		5%	到期一次还本付息；每次贷款为20的倍数
资金贴现	任何时间	视应收款额	10%（1季，2季）12.5%（3季，4季）	变现时贴息，可对1、2季应收联合贴现（3、4季同理）。
库存拍卖		原材料8折，成品按成本价		

2. 原材料。

名称	购买价格	提前期
R_1	1M/个	1季
R_2	1M/个	1季
R_3	1M/个	2季
R_4	1M/个	2季

3. 紧急采购。

付款即到货，原材料价格为直接成本的2倍，成品价格为直接成本的3倍。

紧急采购原材料和产品时，直接扣除现金。上报报表时，成本仍然按照标准成本记录，紧急采购多付出的成本计入费用表损失项。

4. 生产线。

生产线	购置费	安装周期	生产周期	总转产费	转产周期	维修费	残值
手工线	5M	无	2Q	0M	无	1M/年	1M
自动线	15M	3Q	1Q	2M	1Q	2M/年	3M
柔性线	20M	4Q	1Q	0M	无	2M/年	4M

生产线介绍——每格代表产品生产周期为一个季度

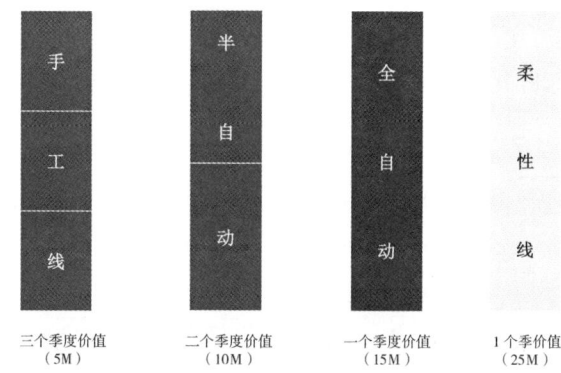

三个季度价值　　二个季度价值　　一个季度价值　　1个季价值
（5M）　　　　　（10M）　　　　（15M）　　　　（25M）

不论何时出售生产线，从生产线净值中取出相当于残值的部分计入现金，净值与残值之差计入损失；

只有空的并且已经建成的生产线方可转产；

当年建成的生产线、转产中的生产线都要交维修费。

5. 折旧（平均年限法）。

生产线	购置费	残值	建成第1年	建成第2年	建成第3年	建成第4年	建成第5年
手工线	5M	1M	0	1M	1M	1M	1M
自动线	15M	3M	0	3M	3M	3M	3M
柔性线	20M	4M	0	4M	4M	4M	4M

当年建成的生产线当年不提折旧，当净值等于残值时生产线不再计提折旧，但可以继续使用。

6. 厂房。

厂房	买价	租金	售价	容量	厂房出售得到4个账期的应收款，紧急情况下可厂房贴现（4季贴现），直接得到现金，如厂房中有生产线，同时要扣租金。
大厂房	40M	5M/年	40M	6条	
小厂房	30M	3M/年	30M	4条	

每季均可租或买，租满一年的厂房在满年的季度（如第二季租的，则在以后各年第二

季为满年，可进行处理），需要用"厂房处置"进行"租转买"、"退租"（当厂房中没有任何生产线时）等处理，如果未加处理，则原来租用的厂房在满年季末自动续租；厂房不计提折旧；生产线不允许在不同厂房间移动。

7. 产品。

名称	开发费用	开发周期	加工费	直接成本	产品组成
P₁	2M/季	2 季	1M/个	2M/个	R₁
P₂	2M/季	3 季	1M/个	3M/个	R₂+R₃
P₃	2M/季	4 季	1M/个	4M/个	R₁+R₃+R₄
P₄	2M/季	5 季	1M/个	5M/个	R₂+R₃+2R₄

【电子沙盘19项操作】

1. 支付所得税。

企业所得税是对企业在一定时期内的纯所得（净收入）额征收的税种。企业所得税的法定税率为25%。在沙盘模拟中规定的规则为税前利润除四取整。

点击"支付所得税"，如下图所示，"应交税"显示的是上年应纳税额，点击"纳税"，将上年度所欠所得税支付，然后点击"返回"，系统会自动返回到任务清单中。

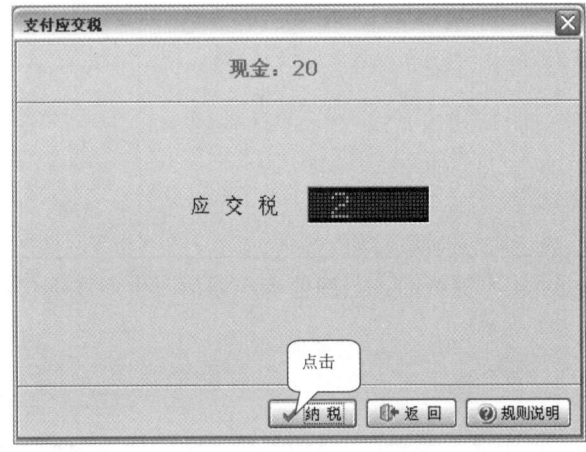

2. 制定广告方案。

点击"制定广告方案"，如图所示，点击"市场预测"，可以对不同年度中不同产品各地域的需求情况进行预测，根据预测在所投产品和所投区域内填入广告费，确定后，点击"提交"，等其他各组广告投入完毕后，就可以进行选单了。

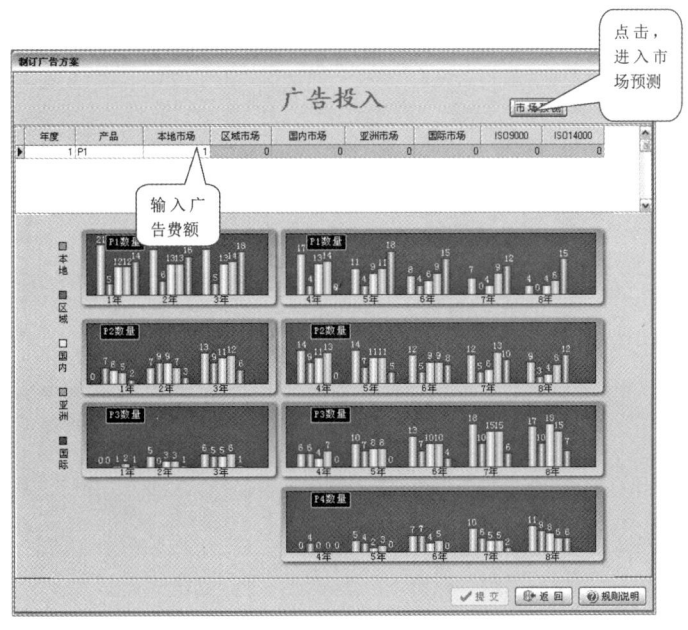

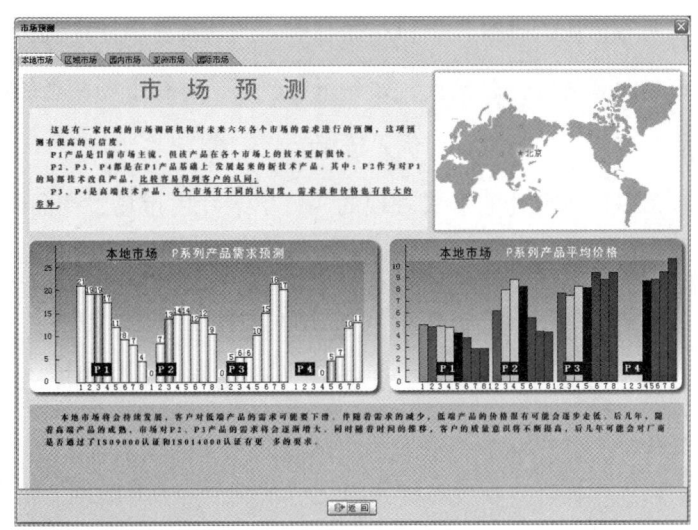

根据市场预测情况进行各个产品和地区的广告投放，每个市场的订单是有限的，并不是投放广告就能得到订单。另外，只有已经完成开拓的市场才能投放广告。

3. 参加订单竞单。

此任务是配合服务器端的"竞单"按钮使用的。如果在服务器端选择的是"网络竞单"，在服务器确认竞单时点击"刷新"。到该组选单时，在指示区内的灯就会显示该组组号，点击该组组号，选择区内可以显示出可供选择的订单，双击选中该订单后，点击"选择"，本组即可获得本订单。如果不想获得该订单，可以点击"不选择"按钮，由其他各组进行选择,已选择的订单会在签约区内显示。

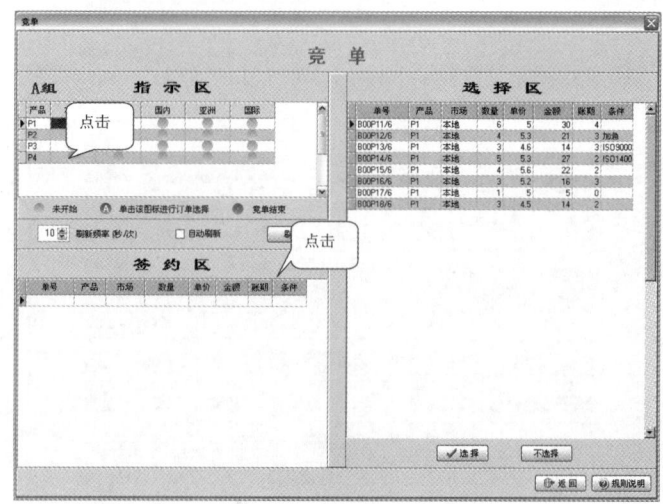

按每个市场单一产品广告投入量,企业依次选择订单。如果该市场该产品广告投入相同,则比较该产品所有市场广告投入之和;如果单一产品所有市场广告投放相同,则比较所有产品、所有市场两者的广告总投入;如果所有产品、所有市场两者的广告总投入也相同,则根据谁优先提交的广告方案,谁优先选单。

本课程的订单是以订单卡片的形式表现的。订单卡片由市场、产品名称、产品数量、单价、订单价值总额、账期、特殊要求等要素构成。标注有"加急"字样的订单卡片要求在每年的第一季度交货,延期交货将扣除该张订单总额的25%(取整)作为违约金;普通订单卡片可以在当年内任一季度交货,如果由于产能不够或其他原因导致本年不能交货,交货时扣除该张订单总额的25%(取整)作为违约金。

订单卡片上的账期代表客户收货时货款的交付方式,若为0账期,则现金付款;若为4账期,代表客户4个季度后才能付款。

如果订单卡片上标注了"ISO9000"或"ISO14000",就要求生产单位必须取得相应认证,并投放了认证的广告费,两个条件均具备才能得到这张订单。

4. 短期贷款、支付利息。

短期贷款、支付利息主要包括更新短期贷款、还本付息和获得新贷款3项。如图所示,首先点击"更新",支付到期贷款及利息,如果想获得贷款,在"更新"后必须选择贷款额度,然后点击"新贷款",系统会给出提示,点击"确定",即可获得该贷款,短贷在更新后,随时可以进行短期贷款。

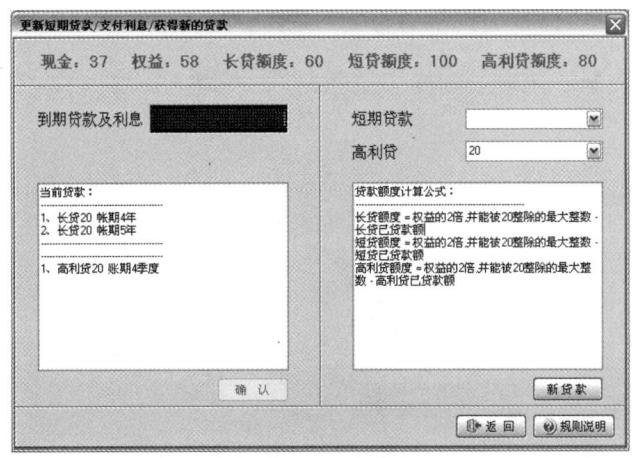

短期贷款及高利贷

（1）更新短期贷款：如果企业有短期贷款，系统将会从现金中自动还付，表示短期贷款到期。

（2）还本付息：短期贷款的还款规则是利随本清，即本息同时归还。短期贷款到期时，需要支付 20M×5％＝1M 的利息，因此，本金与利息共计 21M。单击确认后，系统将会从现金中自动还付，财务总监做好现金收支记录。

（3）获得新贷款：短期贷款只有在这一时点上可以申请。可以申请的最高额度为：上一年所有者权益×2-已有短期贷款。

（4）民间融资：企业随时可以申请民间融资，民间融资贷款额度的规定同短期贷款。民间融资的管理同短期贷款，只是利率不同。

融资表如下：

融资方式	规定贷款时间	贷款额度	还贷规定	利率
长期贷款	每年年末	上年所有者权益的两倍-已贷长期贷款	年底付息，到期还本	5%
短期贷款	每季度初	上年所有者权益的两倍-已贷短期贷款	到期一次还本付息	10%
民间融资	任何时间	银行协商	到期一次还本付息	15%
应收贴现	任何时间	根据应收账款额度按1：6比例	贴现时付息	1/7

无论长期贷款、短期贷款还是民间融资均以 20M 为基本贷款单位。长期贷款最长期限为 6 年，短期借款及民间融资期限为 1 年，不足 1 年的按 1 年计息，贷款到期后返还。

5. 更新应收款、归还应付款。

更新应收款和归还应付款主要包括更新应收、归还应付款和贴现三项。如图所示，点击"更新",将应收、应付的账期提前一个季度,如果急需现金,需要将应收款变为现金,那么在点击"更新"之后,选择"贴限额",点击"贴现",即可获得现金。贴现随时都可以进行。

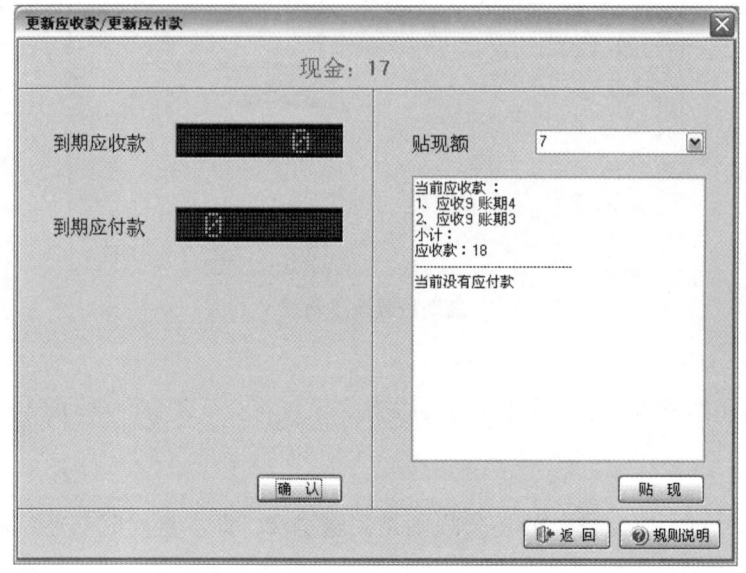

更新应收、应付款

贴现是将应收账款变成现金的动作,应收款贴现随时可以进行,财务总监按 7 的倍数取应收账款,其中 1/7 作为贴现费用置于沙盘上的"贴息"处,6/7 放入现金区,并做好现金收支记录。应收账款贴现时不考虑账期因素。

在出现现金缺口并且不具备贷款条件的情况下,只要在年末没有关账,可以随时贴现应付账款。应收款贴现要根据实际财务状况和应收款情况而定。

6. 接受并支付已订货物。

(1)接受原料:供应商发出的订货已运抵企业时,企业必须无条件接受货物并支付材料款。采购总监将原料订单区中的空桶向原料区方向推进一格,接收相应的原料。

(2)支付货款:财务总监将原料款支付给供应商,如果现金支付,财务总监要做好现金收支记录。如果是批量采购,在沙盘应付账款上作相应标记。

点击"接受并支付已订货物",进入界面,点击"接收",一方面会增加原料库存,另一方面会减少现金或增加相应账期的应付款。

已定货物付款

采购原料与账期设置：

原材料采购（每个原料价格1M）		账期
每次每种原材料采购	5个以下	现金
	6~10个	1Q
	11~15个	2Q
	16~20个	3Q
	20个以上	4Q

7. 下原料订单。

订货：采购总监根据年初的采购计划，确定采购的原料的品种和数量。

点击"下原料订单"进入界面，在对应原料输入框中填入所订原料数，确定无误后，点击"签约"，系统会给出"是否确定签约"的提示；如果本季度的库存充足，不需要下原料订单，点击"跳过"，代表本任务已经执行过，点击"返回"，回到任务清单。

原料订单

签订采购合同时要注意采购提前期。R1、R2 原料需要 1 个季度的采购提前期，而 R3、R4 则需要 2 个采购提前期。

8. 产品研发投资。

按照年初制订的产品研发计划，规划部主管向财务总监申请研发资金，置于相应产品技术投资区。财务总监做好现金收支处理。

点击"产品研发投资"，进入界面，在需研发的产品按钮上点勾后，点击"研发"，放入相应的研发费，如果研发完成或本季度没有研发计划，选择"跳过"，代表该任务已经执行，点击"返回"，回到任务清单。

产品研发投资

（1）产品的研发至少 6 个周期，每个周期只能投入一定的费用，不能加速研发；

（2）只有在研发完成后才可以进行该种产品的加工生产，没有研发完成时不能开工生产（但可以提前备料）；

（3）可以同时研发所有的产品，也可以选择部分产品进行研发；

（4）可以在任何时间里停止对产品技术的投资，但已经付出的钱不能收回；

（5）如果在停止研发一段时间后想继续研发，可以在以前研发的基础上增加投入

产品	P2	P3	P4
时间	1.5 年（6Q）	1.5 年（6Q）	1.5 年（6Q）
投资	6M	12M	18M

9. 更新生产、完工入库。

更新生产：各生产线上的在制品向前推进一格。

完工入库：产品下线表示产品完工，将产品放置于相应的产成品库。

点击"更新生产/完工入库"，进入界面，点击"更新"，生产线上的在制品随着时间的迁移更加接近成品库。

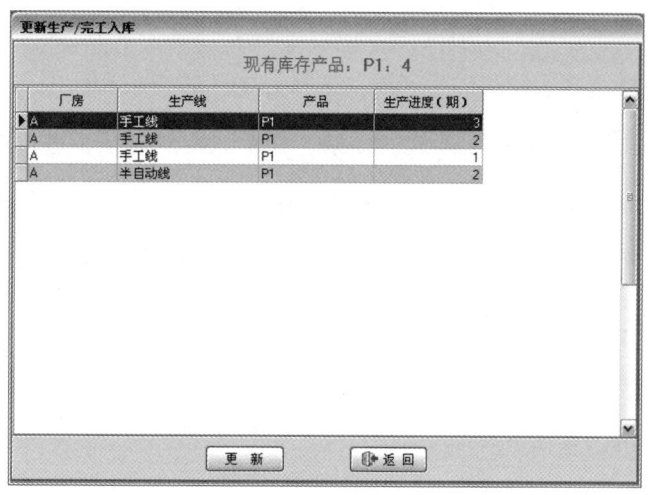

更新生产

10. 生产线调整、投资新设备。

可转产生产线：举个例子来讲，原来生产线生产 A 产品，现在改生产 B 产品。假定需要改换模具等动作，这可能需要花费一定的时间和费用，所以有变更周期和费用。

购买新设备：购买新的设备以扩大产能。

变卖生产线：如果因为生产效率低下或其他原因，可以变卖生产线。

更新生产线：购买来或者是转产的生产线，需要安装周期，所以在每个季度中需要投入一定的安装资金进行生产线的更新。

点击"生产线调整/投资新设备"，进入界面，在执行所有操作前，要将更新的生产线进行"更新"，方可进行购买、转产、变卖生产线。

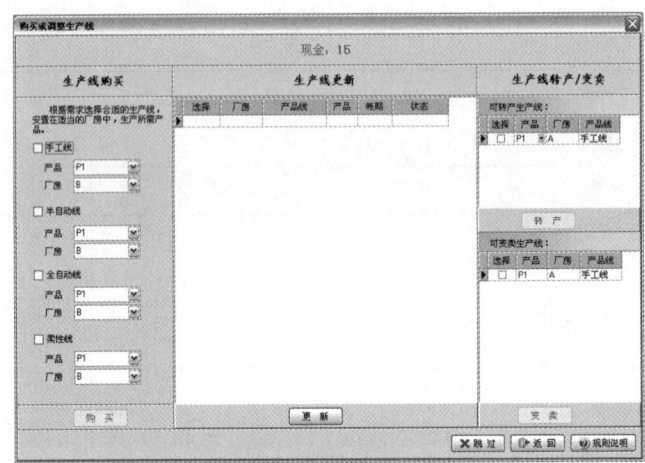

购买、调整生产线

在生产线购买区选择想购买的生产线，选择好生产的产品和该生产线安放的厂房，点击"购买"，一次只能购买一种生产线的一条，如果想购买多条，进行重复操作即可。生产线转产：选择可转产的生产线，打钩，然后选择转产产品，点击"转产"即可；变卖生产线：选择变卖的生产线，打钩，点击"变卖"即可，此操作可以使现金和营业外收入。在点击"更新"前，注意查看是否将需更新安装的生产线打钩，如果不更新，可以选择"跳过"。

生产线应注意的因素如下表。

生产线	手工	半自动	全自动	柔性
购买价	5M	8M	16M	24M
安装时间	无	2Q	4Q	4Q
生产周期	3Q	2Q	1Q	1Q
出售残值	1M	2M	4M	6M
变更周期	无	1Q	2Q	无
变更费用	无	1M	4M	无

11. 开始新生产。

当更新生产、完工入库后,可以考虑新产品生产了。那么新产品该如何生产呢?这个任务需要生产总监、仓库主管和财务总监共同来完成:生产总监根据产品结构到仓库领用相应原料,财务总监支付工人的加工费。

点击"开始新的生产",进入界面,选择需生产的生产线,点击"新生产",如果不生产点击"跳过"。

开始新生产

产品研发完成后,可以接单生产。生产不同的产品需要的原料不同,各种产品所用到的原料及数量如下图所示:

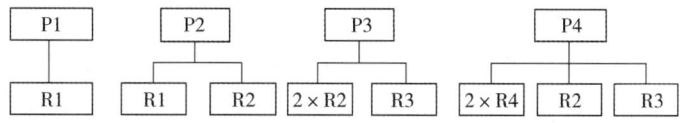

每条生产线同时只能有一个产品在线。产品上线时需要支付加工费,不同生产线的生产效率不同,但需要支付的加工费也是不相同的。

产品	手工线	半自动	全自动、柔性
P1	1M	1M	1M
P2	2M	1M	1M
P3	3M	2M	1M
P4	4M	2M	1M

12. 交货给客户。

营销总监检查各成品库中的成品数量是否满足客户订单要求，满足则按照客户订单交付约定数量的产品给客户。若为订单（0账期）付款，营销总监直接将现金置于现金库，财务总监做好现金收支记录；若为应收账款，营销总监将现金置于应收账款相应账期处。

点击"交货给客户"，进入界面图，在未交货订单列表中，选择符合条件的订单，点击"交货"，将该订单交货，在已交货订单列表中显示出已交货明细。如果不交货，直接点击"跳过"。

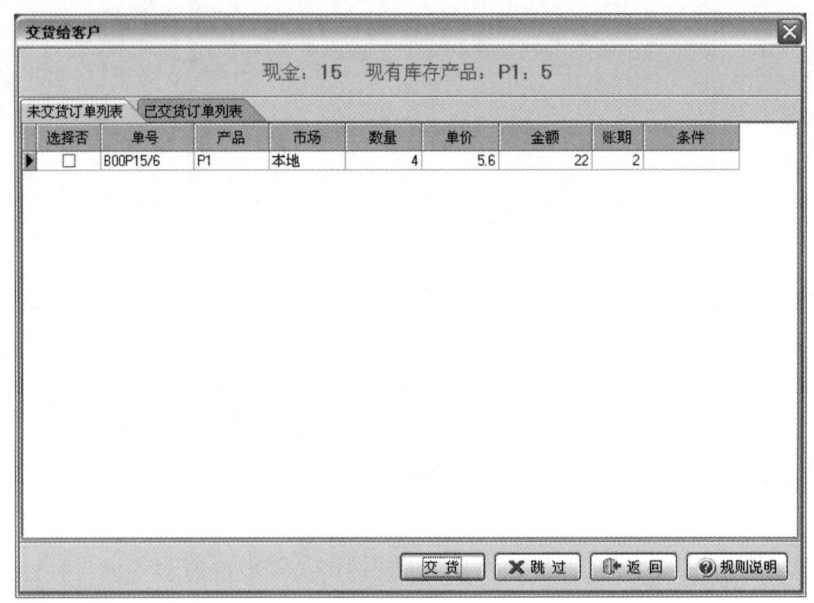

交货

如果是加急订单，必须在第一季度交货，否则将罚款该订单金额的25%作为违约金，如果在本年获得的订单不能在本年末交货，也将进行罚款该订单金额的25%作为违约金。本年度无法交付的订单将累积到下一年。

13. 支付管理费。

管理费用是企业为了维持运营发放的管理人员工资、差旅费、招待费等。财务总监取出1M，并做好现金收支处理

点击"支付管理费"，进入界面如图，点击"支付"直接缴纳每个月的管理费。

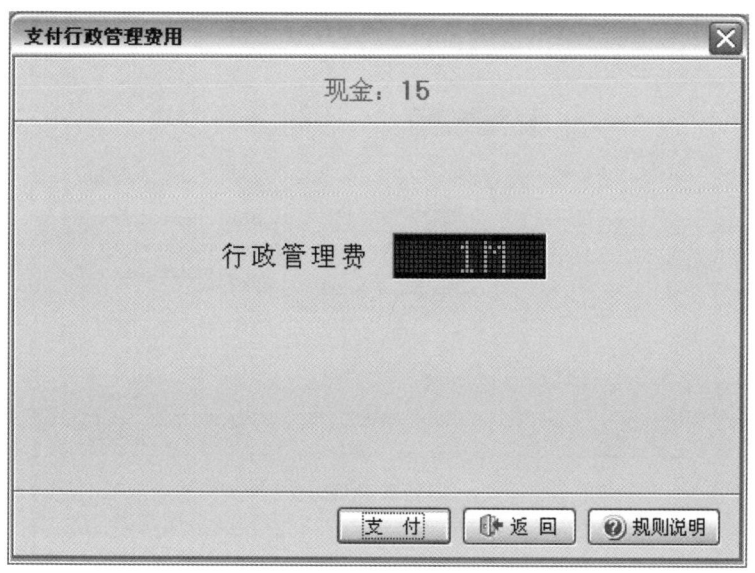

支付行政管理费

14. 长期贷款。

点击"更新长期贷款"进入界面,点击"更新",支付到期贷款及利息,如果想获得贷款在"更新"后必须选择贷款额度,然后点击"新贷款",系统会给出提示,点击"确定",即可获得该贷款。

长期贷款

贷款确认

支付利息：长期贷款的还款规则是每年付息，到期还本，年利率为5%。财务总监做好现金收支记录。

申请长期贷款：长期贷款只有在年末可以申请。额度为：上一年所有者权益×2-已有长期贷款

无论长期贷款、短期贷款还是民间融资均以20M为基本贷款单位。长期贷款还款期限为6年，短期贷款和民间融资还款期限为1年。

15. 支付设备维护费。

在用的每条生产线每年支付1M的维护费。

点击"支付设备维护费"，进入界面如图，点击"支付"，交纳维护费即可。

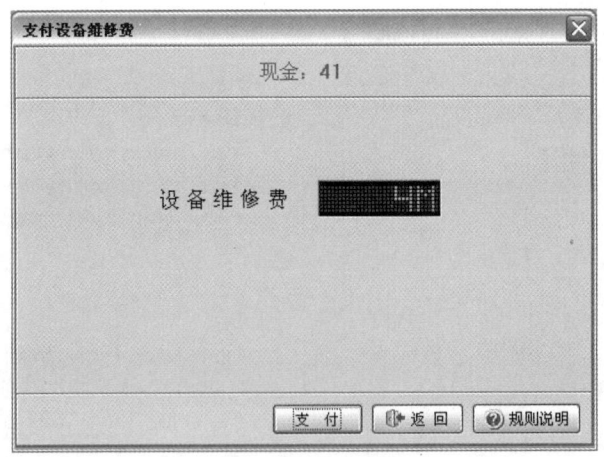

支付设备维修费

16. 支付租金、购买厂房。

A 厂房为自主厂房,如果本年在 B 厂房或者 C 厂房中安装了生产线,此时要决定该厂房是购买还是租赁。

点击"支付租金/购买厂房",进入页面,选择需要购买或租赁的厂房,打钩后,可以点击"提交"即可,如果不购买或租赁,可以直接点击"跳过"。

支付购买(或租赁)厂房费用

沙盘盘面上设置了 A、B、C 三种厂房,A 厂房可容纳四条生产线、B 厂房可容纳三条生产线、C 厂房可容纳一条生产线,用于模拟企业生产制造环境。下图为厂房交易和租赁的价格及规模说明。

厂房	A 厂房	B 厂房	C 厂房
价值	32M	24M	12M
租金/年	4M	3M	2M
售价	32M	24M	12M
生产线	4 条	3 条	1 条

17. 折旧。

点击"折旧",进入界面,点击"提交",进行折旧的计提。

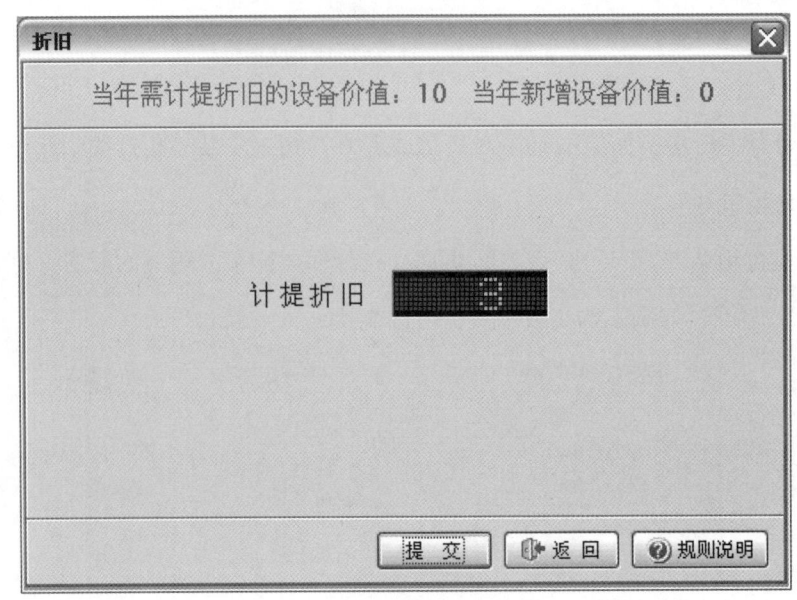

支付折旧费

设备按余额递减法计提折旧,在建工程及当年新建设备不提折旧。

折旧=设备价值/3(向下取整)

当设备价值下降至3M时,每年折旧1M,直至该设备价值为0,剩余价值将作固定资产清理值。

说明:

(1)在本课程中默认厂房不提折旧。

(2)厂房可以随时使用,年底再决定是否购买所用的厂房。如果决定购买,则支付相应的现金,将支付的现金放入厂房价值区;如果决定不购买,则必须支付租金,支付的租金不考虑厂房开始使用的时间。只要在年底时不购买厂房,则必须支付全年的租金。

(3)厂房可随时按购买价值出售,得到的是与购买厂房价值相等的现金。厂房出售必须为空置厂房,且所得现金的应收款为4个季度。

18. 市场开拓、ISO 认证投资。

点击"市场开拓/ISO 认证投资",进入界面,若投资该市场,只需在所选市场前打钩,点击"投资"即可。

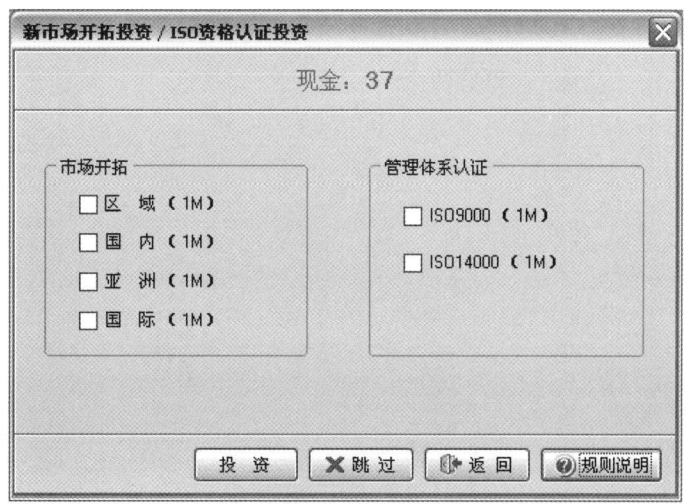

市场开拓和管理体系认证

市场开拓规则

市场	本地市场	区域市场	国内市场	亚洲市场	国际市场
开拓时间	开放	1年	2年	3年	4年
开拓投入	无	1M/年	1M/年	1M/年	1M/年

1. 市场开拓在每年的年末进行，每年只能进行一次，每次投入1M，不能加速开拓。
2. 市场开拓不要求每年连续投入，在资金短缺的情况下可以停止对该市场的投资，但已经付出的投入不能收回；如果在停止开拓一段时间后想继续开拓该市场，可以在以前投入的基础上继续投入。
3. 所有市场可以一次性全部开拓，也可以选择部分市场进行开拓。
4. 只有在该市场完全开拓完成后，才能在下一年度里参与该市场的竞单。

IOS 资格认证规则

ISO9000	质量	ISO14000	环境
时间	2年	时间	4年
投资	2 M	投资	4 M

19. 关账。

一年的经营，年终要做一次"盘点"，编制"利润表"和"资产负债表"。

在报表做好之后，指导教师将会取走沙盘上企业已支出的各项费用，为来年做好准备。

点击"关账"进入界面 3-22，可以查看该组的得分情况及财务报表状况，与实际情况进行核对后，点击"关账"，可以进入下一季度。

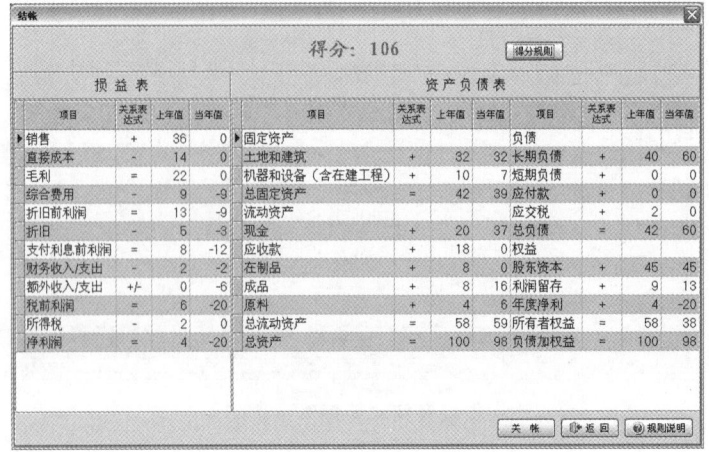

损益表和资产负债表

年末关账时，应考虑下一年年初的广告费用、贷款、还款等因素。若未关账，本年度内尚可贷款；若已关账，则本年度内不能进行任何操作。

任务四　接手所要经营的企业

【实验目的】

1. 了解模拟企业的经营现状、市场竞争情况；

2. 根据股东期望、市场预测以及企业的现状构思企业未来的发展方向。

【实验内容】

1. 股东期望描述；

2. 企业目前的财务状况；

3. 市场占有率及市场预测；

4. 企业的产品、生产设施及盈利能力等。

【实验准备】

教学多媒体设备；

企业起始年的财务报表；

市场预测报告。

【实验要求】

1. 站在企业经营者的角度对企业的现状进行审视;

2. 全面了解企业的股东对企业的要求;

3. 掌握产品与市场的现状和未来趋势;

4. 在全面分析的基础上确定企业的战略。

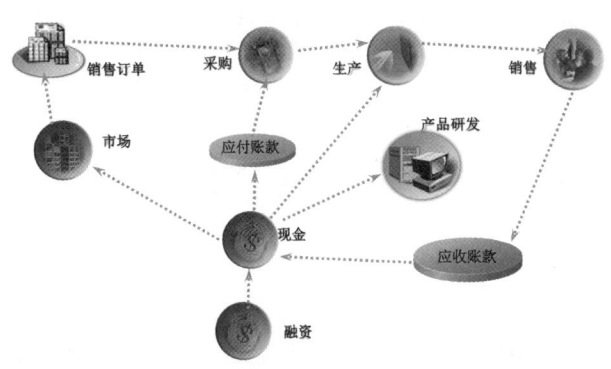

管理一家企业就是管理资本周转

【操作指导】

1. 展示和讲解企业目前的财务状况;

2. 分析企业现有的产品和市场范围;

3. 对股东期望进行学习和讨论;

4. 对市场预测报告进行解读;

5. 制定企业的战略。

企业背景（起始年）

企业现状：
- 本地企业
- 经营状况良好
- 产品技术含量低
- 原管理层在技术开发、市场开发方面保守

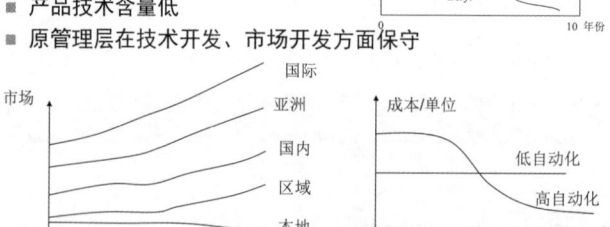

经济周期的信息

- 初始：股东现金，银行贷款
- 业务进行中：支付设备、原材料的费用以及员工薪水
- 业务结算：应付账款、应收账款、毛利、利息、折旧、利润、贴现、租金、行政管理费用等
- 年度报告：资产负债表、损益表

起始年状态　　　　盘面模具位置

- 现金、应收款与设备价值
  - 现金24M　　　　　4Q 3Q 2Q 1Q
  - 应收款(现金) 14M　　　　　　　2Q、3Q各7M
  - 在制品(筹码+现金)：6M
    - ✓ 生产线1(手工)：
    - ✓ 生产线2(手工)：
    - ✓ 生产线3(手工)：
    - ✓ 生产线4(半自动)：
  - 成品：(筹码+现金) Beryl: 6M (筹码和现金各3个放在仓库)
  - 原材料(筹码)：M1，2M (2个)
  - 原料订单(筹码)：2个
  - 拥有厂房A (筹码)：价值40M
  - 机器和设备现有价值(现金)：12M　　4Q 3Q 2Q 1Q
  - 短期贷款(筹码)：3Q、4Q 各10M

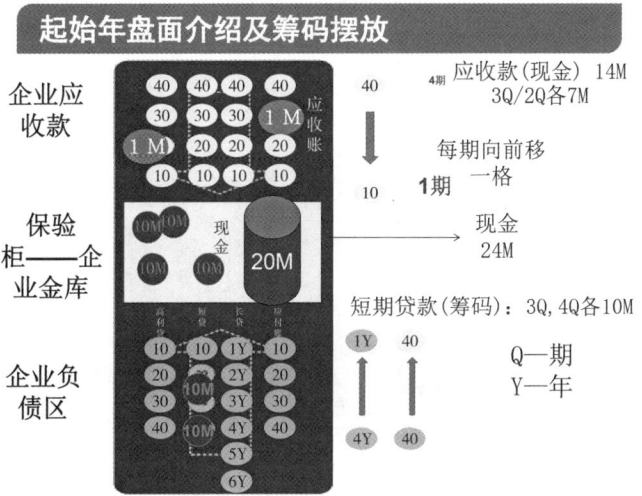

【重要参数】

每个市场、每种产品选单时第一个队选单时间为 60 秒,自第二个队起,选单时间设为 40 秒。

图中的初始现金 65M 和选单时间为暂估数,以比赛时公布为准。

信息费 1M/次。

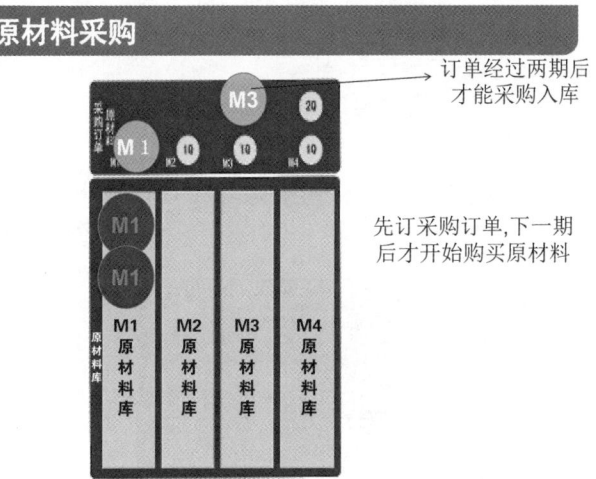

厂房价值

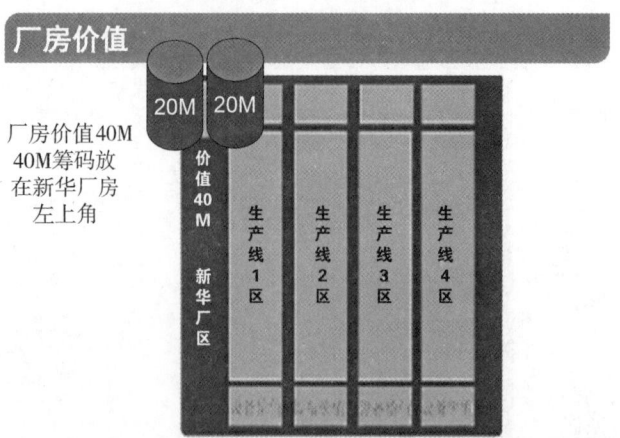

厂房价值40M
40M筹码放
在新华厂房
左上角

生产线介绍——每格代表产品生产周期为一个季度

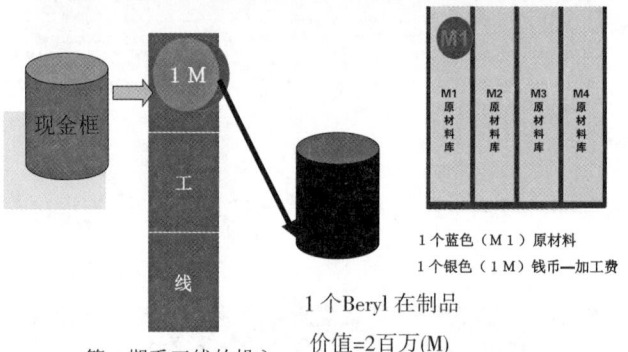

1个蓝色（M1）原材料
1个银色（1M）钱币—加工费

1个Beryl 在制品
价值=2百万(M)

第一期手工线的投入

Beryl产品手工生产线生产介绍

生产厂房的放置

在制品Beryl
价值=6M

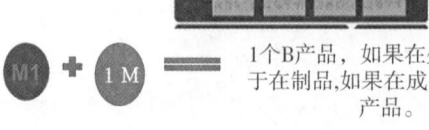

1个B产品，如果在生产线上属
于在制品，如果在成品库中属于
产品。

生产线介绍——每格代表产品生产周期为一个季度

从Beryl在制品变成了Beryl产品

用手工线生产B产品需要3个周期

第四期手工线的生产移动

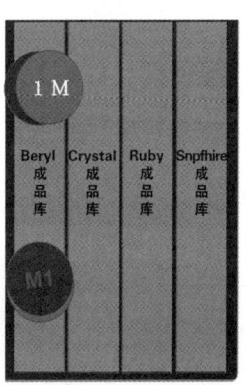

成品库介绍

3个Beryl成品
价值=6M

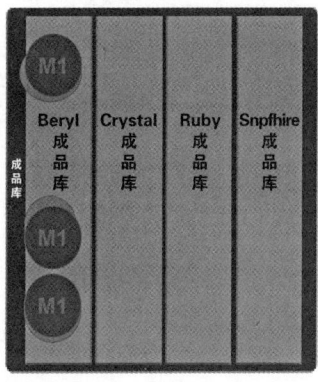

起始年的订单

市场： 本地
产品： Beryl
账期： 1Q
交货期： Q3
单价： 6
订单数量： 6
订单销售额： 36
订单成本： 12
毛利： 24

销售订单示例：

产品名称　年份　市场区域
　Beryl　(Y0,　本地)

产品数量 X 单价 = 销售金额
　6　 × 6M =36M

应收款期限　　　交货季度
账期:1Q　　　　交货:Q3

经营过程中资金的管理工具——现金流量表

- 现金的收入

- 现金的每笔支出

- 流动资金的额度

> 强调一点：财务会计负责经营过程统计、汇总和报表编制（核算）
> 财务总监资金预算、融资及结果

实际模拟训练

每年任务清单				
支付应付税	★			
准备好新的一年（预算/广告投入）	X			
与客户见面（争取订单）-开订货会	★			
更新短贷/支付利息/获得新贷款/贴现	★	★	★	
更新应付款	×	×	×	×
接受并支付已订原料	★	X	★	★
下原料订单	X	X	★	
更新生产/完工入库	★	★	★	
生产线调整/购买新设备	×	×	×	×
开始新生产	★	★	★	
产品研发投资	×	×	×	
更新应收款	★	★	★	★
交货给客户	×	★	×	
支付行政管理费	★	★	★	
更新长期贷款/支付利息/获得新贷款				★
支付设备维护费				
支付租金/购买厂房				
计提折旧				★
新市场开拓/ISO认证投资				×

现金收支明细				
支付应付税	-3			
广告投入	X			
贴现费用				
短期贷款及利息			-11	-10
应付款到期支付				
采购原料/成品支付现金	-2			-2
变卖生产线/变卖原料	+			
生产线投资/变更生产线				
投产（加工费用）	-2	-1	-1	-2
销售收入	+			+36
应收款到期	+	+7	+7	+36
支付管理费	1	1	1	1
长期贷款及利息			+20	
支付设备维护费				4
支付租金/购买厂房/研发投资				
新市场开拓/ISO认证投资				
收入总计	24			70
支出总计				42
现金流量				28+24

资产负债表——经营结果评解指标之一

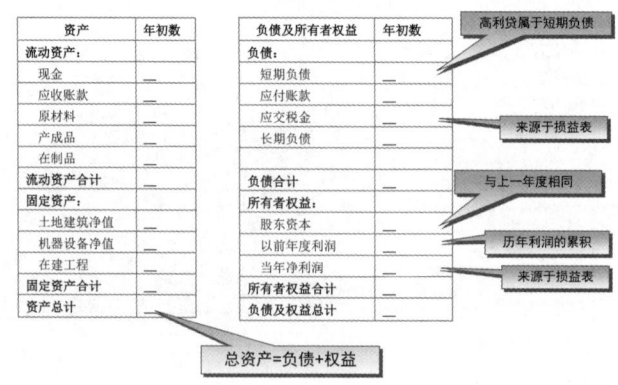

损益表——经营结果评解指标之二

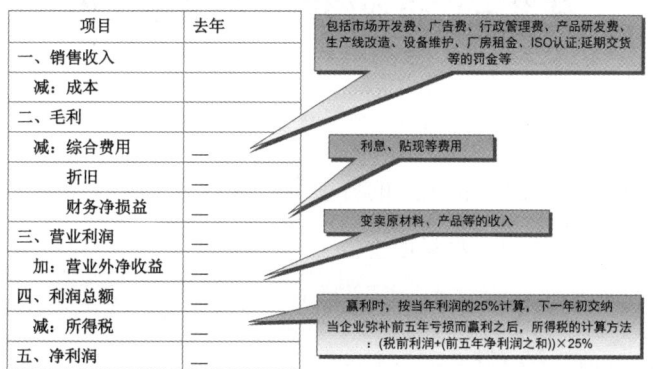

作业：设计以下表格

1. 每年任务清单；

2. 现金收支明细表；

3. 资产负债表；

4. 损益表。

【提示】

起始年末的财务状态：

损益表　　单位：百万

项目	年末
一、销售收入	36
减：成本	12
二、毛利	24
减：综合费用	8
折旧	3
财务净损益	1
三、营业利润	12
加：营业外净收益	0
四、利润总额	12
减：所得税	3
五、净利润	9

资产负债表　　单位：百万

资产	年初数	负债及所有者权益	年末
流动资产：		负债	
现金	52	短期负债	20
应收账款		应付账款	0
原材料		应交税金	3
产成品	4	长期负债	0
在制品	8		
流动资产合计	64	负债合计	23
固定资产：		所有者权益：	
土地建筑净值	40	股东资本	70
机器设备净值	9	以前年度利润	11
在建工程	0	当年净利润	9
固定资产合计	49	所有者权益合计	90
资产总计	113	负债及权益总计	113

任务五　企业经营前的准备工作

【实验目的】

根据企业目前的财务状况,将企业的各项资产(现金、应收账款、成品、在制品、原材料、厂房、设备等)恢复到沙盘盘面上。

【实验内容】

1. 流动资产的复原;

2. 固定资产的复原;

3. 负债的复原。

【实验准备】

1. 多媒体教学设备;

2. 资产负债表;

3. 沙盘教具。

【实验要求】

1. 按资产负债表上各项目的排列顺序进行复原;

2. 复原的过程中各角色各司其职,熟悉本岗位工作。

【操作指导】

1. 将现金 20M 放置于现金库;

2. 将应收账款 15M 置于应收账款 3 账期位置;

3. 将 4 个 P1 的在制品分别摆放到 3 条手工生产线的第一、二、三周期和半自动生产线的第一周期;

4. 将 3 个 P1 成品放置到 P1 成品库;

5. 将 3 个 R1 原料放置到 R1 原料库;

6. 将 40M 放置于大厂房价值处;

7. 3 条手工生产线账面价值分别为 3M,半自动生产线价值为 4M,放置于生产线净值处;

8. 长期负债 40M,第四账期和第五账期各 20M。

【理论知识提示】

1. 战略、战术；

2. 市场预测图；

3. 市场占有率及广告效率分析。

【理论知识导入】

对抗战略一：整体策略

俗话说："凡事预则立，不预则废"；"未曾画竹，而已成竹在胸"。同样做 ERP 沙盘模拟前，也要有一整套策略成型于心，方能使你的团队临危不乱、镇定自若，在变幻莫测的比赛中笑到最后。

1. 力压群雄——霸王策略

策略介绍：在开赛初，筹到大量资金用于扩大产能，保证产能第一，以高广告策略（后面有详细介绍）夺取本地市场"老大"，并随着产品开发的节奏，成功实现 P1 向 P2，P2 向 P3 的主流产品过度。在竞争中始终保持主流产品销售量和综合销售量第一。后期用高广告策略争夺主导产品的最高价市场的"老大"，保持权益最高，使对手望尘莫及，难以超越，最终直捣黄龙，夺得头筹。

运作要点：运作好此策略关键有两点：一是资本运作，使自己有充足的资金用于产能扩大，并能抵御强大的还款压力，使资金运转正常，所以此策略对财务总监要求很高。二是精确的产能测算与生产成本预算，如何安排自己的产能扩大节奏？如何实现零库存？如何进行产品组合与市场开发？这些将决定着最终的成败！

评述：采取霸王策略的团队要有相当的魄力，真得像当年霸王项羽那样，敢于破釜沉舟，谨小慎微者不宜采用。此策略的劣势在于如果资金或广告在某一环节出现失误，则会使自己陷于十分艰难的处境，过大的还款压力可能将自己压至破产，像霸王那样自刎乌江，所以此策略风险很高。

2. 忍辱负重——越王策略

策略介绍：采取此策略者通常是有很大的产能潜力，但由于初期广告运作失误，导致权益过低，处于劣势地位。所以要在第二、三年不得不靠 P1 维持生计，延缓产品开发计划，或进行 P2 产品开发，积攒力量，度过危险期。在第四年时，突然推出 P3 或 P4 产品，配以精确广告策略（后面有详细介绍），出其不意地攻占对手们的薄弱市场！在对手忙于应对时，自己早已把 P3、P4 的最高价市场把持在手，并抓住不放，不给对手机会，最终称霸。

运作要点：此策略制胜的关键点在于广告运作和现金测算上，因为要采取精确广告策略，所以一定要仔细分析对手情况，找到他在市场中的薄弱环节，以最小的代价夺得市场，减少成本。其次，现金测算，因为要出奇兵（P3 或 P4），这些产品对现金要求很高，所以现金测算必须准确，要不现金断流倒在其次，关键是完不成订单，遭罚，那将前功尽弃，功亏一篑。

评述：越王策略，不是一种主动的策略，多半是在不利的情况下采取的，所以团队成员要有很强的忍耐力与决断力，不要为眼前一时的困境所压倒，并学会"好钢用在刀刃上"，节约开支，降低成本，先图生存，再想夺占！

3. 见风使舵——渔翁策略

策略介绍：当市场上有两家实力相当的企业争夺第一时，渔翁策略就派上用场了。首先在产能上要努力跟随前两者的开发节奏，同时内部努力降低成本，在每次新市场开辟时均采用低广告策略，规避风险，稳健经营，在双方两败俱伤时立即占领市场。

运作要点：此策略的关键，第一在于一个稳字，即经营过程中一切按部就班，广告投入、产能扩大都是循序渐进，逐步实现，稳扎稳打。第二要利用好时机，因为时机是稍纵即逝的，对对手一定要仔细分析。

评述：渔翁策略在比赛中是常见的，但要成功一定要做好充分准备，只有这样才能在机会来临时，一下抓住，从而使对手无法超越。

对抗战略二：资源整合要素分析

初次 ERP 沙盘模拟对抗后需要整合的要素分析。

需要整合的要素并不是很多，从开源的角度考虑，为增加营业收入，我们要开拓新的市场，抢到更多的市场订单，就要开发新的产品，满足新市场的需求，所以就要加快研发费用的投入。想干大事业，预计花这么多的钱，就要考虑节流的问题了，收入还没拿回来，钱像石头一样"啪、啪"扔进水里是不可行的。银行贷款、广告费、财务费用维修费用这些可变的和不可变的投入怎样计划呢？我们常常不去做整合分析，却有许多错误的认识，下面是对错误认识产生原因的总结：

1. 产能领先制胜。

想产能领先别人，就要扩大生产能力，投资新的生产线；为减少生产周期就会对原有手工生产线进行变卖，转向投资全自动或是柔性生产线（生产线产能比较见附表1）。生产能力提高后可以充分满足市场订单的需要，在会计年度顺利生产出所需求的产品，实现销售收入的扩大。然而以产能控制市场，是更多经营者能够在第一时间想到的胜出方案，那么也就是说更多的参赛人员首先意识到，争取资本增加的最好方法是大量的市场订单，销售额的扩大会使自己的企业顺利扩大规模，最后胜出。但是虚拟的市场环境也同现实的市场环境一样，现实中消费者的购买量是有限的，想把产出变成实际的资金回笼还需开拓更多的市场。这样就造成投入与产出的矛盾，因为市场开拓是需要时间和费用的，过早扩大生产线，提高产能在销售环节上造成失误，不能顺利变现，只能造成库存的积压，从而增加整个企业的资金压力，再者先期能扩大生产线的资金来自银行的贷款，如此会产生大量的财务费用，加上生产线的维修费用和生产线的折旧费用，每年将使企业很难盈利。考虑不周的结果是企业将面对好日子从眼前挥手远走的窘境。

2. 保权益胜出法。

激进失败的队员都认为在企业的长贷问题上很难判断，按上面的分析参赛队会对贷款和贴现质疑，特别是作为财务总监非常清楚每年的利息和长贷到期时还本付息的压力是企业的一大难关。根据规则经营的虚拟企业同现实的企业一样，只要能满足贷款的要求，就会得到银行的贷款。但是银行也只是重视自身利益的商业伙伴，当企业将近破产，尽力去维持权益时，银行不会考虑它未来的偿还能力，也决不会出手相助的，反而要企业偿还利息和到期的本金，一分也不能少。如果企业失去了这份能力，那么银行就向各商家和公众宣布企业破产了。所以为减少企业的财务费用而保权益的方案也会在比赛中出现。然而企业经营的目标是创造利润，这样的企业让人感到是日薄西山，没有生机。若想胜出就是要等待各家突飞猛进的企业在冒进中"身受重伤"时抓住机会，但这种可能性的发生纯粹是种偶然，等待在别人的失误中找机会的经营方案不能算作是卓越的方案。反过来我们可以这样看，在保权益时，最好的做法是减少企业新产品的研发、新市场的开拓，避免以负债建设生产线的形式，但从企业发展角度说，只能证明这个企业的发展潜力不足，或是资金利用率很低，如此，机会就算摆在眼前能够抓住多少呢？产出能力太低，明显的后劲不足，禁不起对手的打压，其实风险更大。

3. 先入为主的广告策略。

企业要想占领先机，抢占市场"老大"，就要打广告。广告的投入在各个未曾交过手的商家之间是个强烈的博弈过程。在此最适合生存的决策一定不是先入为主，因为最为关键的是，打江山容易，守江山难，不惜代价打下的江山还需要守住，守好，使它成为自己生存之本，这不是件容易的事。商家都会对利润丰厚的市场虎视眈眈，不容一家坐享其成的，随时都会遇到生存发展的拦路虎。开始靠大投入广告做市场，很想降低下一年的广告投入，此时产品开发和生产线投资不到位，过早引来更多对手的攻击，也会在市场维护上大伤脑筋，最不想发生的前功尽弃之事，却屡次发生。

对抗战略三：资源整合时机分析

如何把握 ERP（企业资源计划）的真正时机：

企业资源计划是在企业资源有限的情况下，如何去整合企业可利用的资源，使之在提高企业竞争力的同时，也使企业的收益最大化。在用友 ERP 沙盘对抗赛中经营的虚拟企业中做好资源计划，就需要对企业的整体资源做出长远的计划。如此在财务方面一定要做好现金预测，这对 CFO 及其助理提出了更高的要求。CFO 需要做好企业资源计划，是基于战略发展的需要，战略方向确定后，CFO 就要开始这一工作。那么如何做好战略这一基础工作呢？

1. 以销定产再以产定销。

就是选择主要想进入的市场匹配相应的产品组合，再投入相应的生产线。

每个市场有它独特的产品需要，比如区域市场从第三年开始最偏爱的是 P4 产品，只要它与其他任何两种产品相配合就可以稳定市场"老大"的地位了。因为 P4 产品的研发费用高，回收期长，所以大多数公司资金不能支持开发 P4 产品。由于产品研发的周期（6Q）大于生产线投资建设的周期，所以若投资全自动生产线（4Q）可以在产品研发第三周期开始，在同一季度同时投资完成。这样生产线和 P4 产品的研发费用会在第二年内完成，资金将充沛利用。尽管企业遇到巨大的资金压力，但未来企业的竞争力是很强的。

很多参赛队在生产线投资时倾向于柔性生产线没有转产周期和费用，而不去投资全自动生产线。但是一条柔性比全自动多投入8M，并不是个小数目，几乎需要4个P1产品或2.5个P2产品或2个P3产品（P4产品）的毛利实现。在此参赛队必须清晰规划自己的战略组合，市场定位一定要清晰，深入分析这个市场中的需求量，最终确定自己的产品组合。再进行生产组合的分析和决策，才会做得更好。

如果把所有的产品都开发了，想拿所有产品的最大销售订单，是不现实的。即使做到了，广告投入得非常大。

产品组合确定了，生产能力也能满足市场的预测了，接下来就看销售总监市场上临阵的本领了。

2. 能否搜集到必要且准确的市场信息是企业战略制定和执行的关键。

尽管竞争对手很多都深受竞争环境的困扰不得解脱，但没有想经营破产的企业。每一家企业都在尽量搜集自己能掌握的信息，并对自己所掌握的信息进行筛选，再做对手的现实战略分析和未来发展方向的判断。所以当各家都认识到经营企业不是闭门造车时，都想看别人是怎么造"车"的，也都在想保持自己的秘密战略。能遮能掩的操作就是不让对手看到，就算经营的是正规的财务公开的大企业，遮掩并不违规啊。财务公开在年末，等年底真的糊弄了对手，让对手做出了错误的判断，就是一场胜利。所以做好这门工作，不是件容易的事，需要掌握最新的市场信息，把握竞争对手非常细微的动作。比如在年末公布企业经营情况时，就要把竞争对手的在建工程及产品原材料订单等数据及时抓住，这样就可对下一年对手初期用哪条生产线生产哪种产品做出判断。这样会尽量避免与对手在下年初同一市场上广告的拼杀。在模拟的场景中，每个市场的需求量是不变的，不断变化的是满足需求时各家的最终决策。每一项决策的最终拍板并不像赌徒把钱压在"宝"上一样，若那样，付出的代价太大，认识到代价惨重时，后悔也来不及了。所以"宝"还是要压的，但胜算不是50%，而是要有90%的把握。

我们用2006年"用友杯"全国总决赛第二赛场第二年为例。当时各家企业在第一年广告投入都很小，本地市场老大被J公司7M广告投入拿走。第一年本地广告没有比拼却有6家公司在第二年回头来抢本地市场"老大"，广告投入很凶，J公司没能守住市场，这么多家关照他的市场，而不去竞争区域市场，这种特别的关照可以看出那6家公司的决策似乎如出一辙，从中可想而知信息保守得很好，信息搜集得也非常不好。

3. 做好团队管理是管理团队成功的基础。

没有完美的个人，却有优秀的个人，因为优秀的个人才有完美的团队。实现团队协作是参赛团队所追求的目标，然而这一目标远非说和想那样轻松。团队成员的默契若想在短时间内实现，就要在不断的冲突中充分用实践去证明自己的观点是禁得起考验的。假设财务经理对生产总监和市场总监以及采购总监的行为不做出判断，当他们需要费用时就给，情况很快就会严峻起来，从中也可以说当此种情况发生时更多是其他部门对严峻未来的慎重思考所致。ERP 更多地教我们如何去做企业资源的计划，而不是做想通过某种侥幸获得意外的收益。我们参加沙盘模拟取消组权交易，更多是想大家做好本企业的资源规划和团队管理，这样才有基础做好基础课的反思与回顾，让我们从曾经或将要学的知识中受益，使我们真正成为知识的使用者和受益者。

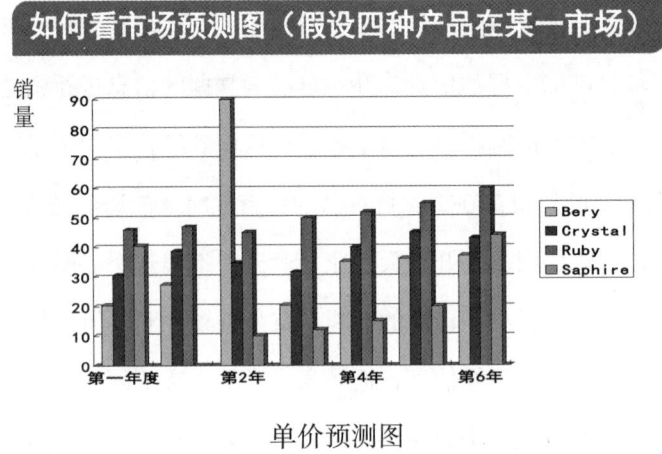

单价预测图

(1) 选单规则

市场"老大"（某市场上年所有产品销售总和第一且该市场无违约）有优先选单权（有若干队销售并列第一，则"老大"随机或可能无"老大"）；以本市场本产品广告额投放大小顺序依次选单；如果两队本市场本产品广告额相同，则看本市场广告投放总额；如果本市场广告总额也相同，则看上年市场销售排名；如仍无法决定，先投广告者先选单。第一年无订单。

提请注意：

● 必须在倒计时大于 10 秒时选单，出现确认框要在三秒内按下确认按钮，否则可能造成选单无效。

● 在某细分市场（如本地、P1）有多次选单机会，只要放弃一次，则视同放弃该细分市场所有选单机会。

（2）竞单会（系统一次放二张单同时竞）。

在第3年和第5年订货会后，召开竞单会。并于第2年结束和第4年结束时下发第3年和第5年参加竞单会的订单明细。

参与竞标的订单标明了订单编号、市场、产品、数量、ISO要求等，而总价、交货期、账期3项为空。竞标订单的相关要求说明如下：

①投标资质。

参与投标的公司需要有相应市场、ISO认证的资质。

中标的公司需为该单支付1M标书费，计入广告费。

如果已竞得单数+本次同时竞单数>现金余额，则不能再竞。即必须有一定现金库存作为保证金。如同时竞2张订单，库存现金为3M，已经竞得2张订单，扣除了2M标书费，还剩余1M库存现金，则不能继续参与竞单。

破产队不能参与投标。

②投标。

参与投标的公司须根据所投标的订单，在系统规定时间（90秒，以倒计时秒形式显示）填写总价、交货期、账期3项内容，确认后由系统按照以下公式计算：

得分＝100+（5-交货期）×4+应收账期-总价

以得分最高者中标，如果计算分数相同，则先提交者中标。

提请注意：

总价不能低于成本价，也不能高于成本价的3倍；

必须为竞单留足时间，如在倒计时小于或等于10秒再提交，可能无效；

竞得订单与选中订单一样，算市场销售额。

经营开始前战略战术?

战略——经营企业的指导纲领和目标(一贯性);

战术——实现战略目标的一种手段。

(3) 市场准入。

市场	开发费	时间	
本地	1M/年	1年	开发费用按开发时间在年末平均支付,不允许加速投资。市场开发完成后,领取相应的市场准入证。
区域	1M/年	1年	
国内	1M/年	2年	
亚洲	1M/年	3年	
国际	1M/年	4年	

无须交维护费,中途停止使用,也可继续拥有资格并在以后年份使用。

(4) 资格认证。

认证	ISO9000	ISO14000	
时间	2年	2年	平均支付,认证完成后可以领取相应的ISO资格证。可中断投资。
费用	1M/年	2M/年	

无须交维护费,中途停止使用,也可继续拥有资格并在以后年份使用。

企业经营沙盘模拟开始

- 各组组建自己的团队和确定各角色。

- 各组CEO准备1分钟发言(就职演说——接管企业如何对股东负责)。

- 各组CEO带领自己的团队讨论企业的战略目标和制订相应的战术

- 什么叫战略和战术?

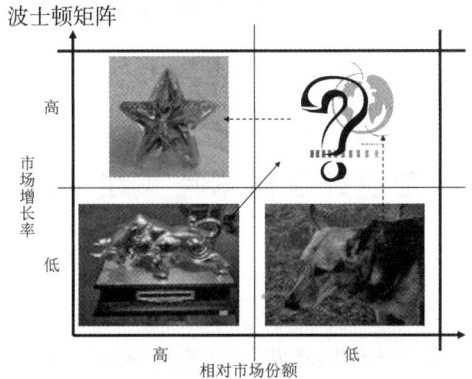

(5) 订单违约。

订单必须在规定季或提前交货，应收账期从交货季开始算起。

(6) 取整规则。

违约金扣除——向下取整；

库存拍卖所得现金——向下取整；

贴现费用——向上取整；

扣税——向下取整。

(7) 特殊费用项目。

库存折价拍卖、生产线变卖、紧急采购、订单违约、增减资（增资计损失为负）操作计入其他损失。

项目二　企业经营实战体验

任务一　企业经营初体验（起始年经营）

【实验目的】

1. 由教师带领各团队进行起始年的经营，熟悉企业的工作流程；

2. 团队磨合，进一步熟悉规则；

3. 明晰企业的运营过程。

【实验内容】

1. 年初工作：

新年度规划会议、参加订货会/登记销售订单、制订新年度计划支付应付税。

2. 每季度工作：

季初现金盘点、更新短期贷款/还本付息/申请短期贷款（高利贷）、更新应付款/归还应付款、原材料入库/更新原料订单、下原料订单、更新生产/完工入库、投资新生产线/变卖生产线/生产线转产、向其他企业购买原材料/出售原材料、开始下一批生产、更新应收款/应收款收现、出售厂房、向其他企业购买成品/出售成品、按订单交货、产品研发投资、支付行政管理费、其他现金收支情况登记。

3. 年末工作：

支付利息/更新长期贷款/申请长期贷款、支付设备维护费、支付租金/购买厂房、计提折旧、新市场开拓/ISO 资格认证投资、结账。

【实验准备】

1. 多媒体教学设备；

2. 任务清单；

3. 起始年订单；

4. 广告竞单表；

5. 本地市场及 P1 产品标志。

【实验要求】

1. 由教师代 CEO 主持按任务清单的顺序运营；

2. 团队成员各司其职进行运营；

3. 起始年决策由教师完成，各企业只负责按任务清单运营。

【操作指导】

1. 新年度规划会议：企业管理团队制订企业战略，做出经营规划、设备投资规划、营销策划方案等；

2. 参加订货会议、登记销售订单：营销总监参加销售会议，按市场地位、广告投放、竞争态势、市场需求等分配订单；

3. 制订年度计划：编制生产计划、采购计划、设备投资计划，进行资金预算；

4. 按季度进行运营：短期融资、采购、生产、投资、交货、产品研发、支付管理费用等；

5. 长期融资决策：更新长期贷款、支付利息、长期贷款申请；

6. 设备维护和计提折旧；

7. 新市场开拓与 ISO 认证投资；

8. 结账：编制利润表和资产负债表。

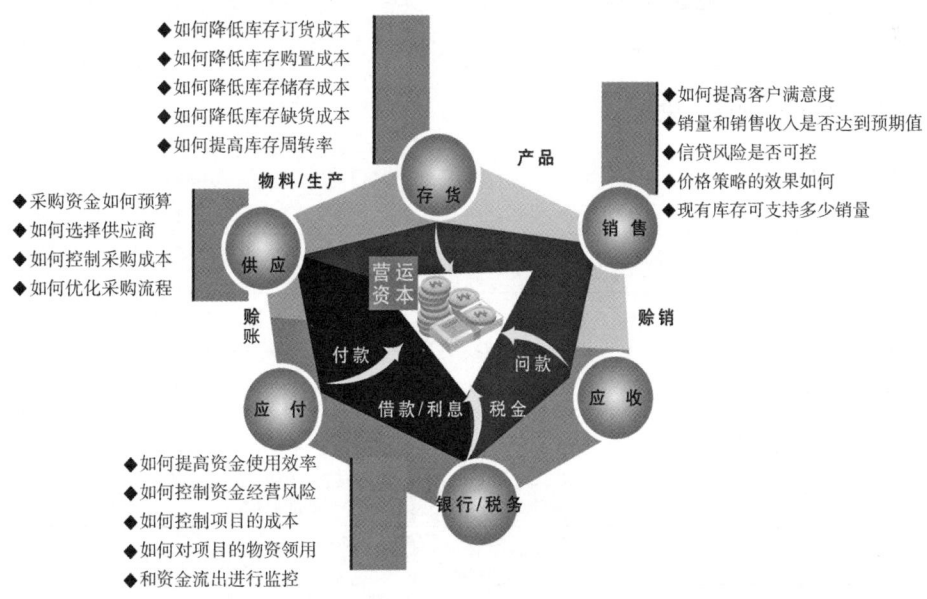

企业资金运营的关键问题

【规则介绍】

- 广告投入单

年度	市场类别	Beryl	Crystal	Ruby	Sapphire
第一年	本地	√			
	区域				
	国内				
	亚洲				
	国际				

- 订单

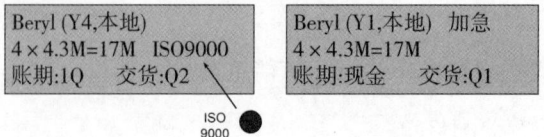

- 订单争取规则

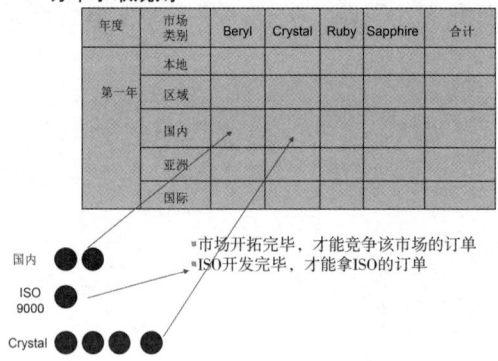

- 市场开拓完毕，才能竞争该市场的订单
- ISO开发完毕，才能拿ISO的订单

讨论：我们的产品获利能力

目前产品的分类

_____

_____

_____

产品生命周期分析

_____

_____

_____

1. 竞赛排名。

完成预先规定的经营年限，将根据各队的最后权益进行评分。

各参赛队沙盘比赛成绩=第6年所有者权益-该队6年的累计罚分。

参赛队最终成绩=参赛队沙盘比赛成绩×90%+ERP沙盘企业信息化方案成绩×10%；

根据参赛队最终成绩确定排名。

如果两个参赛队最终成绩相同，将参考创业经营计划书。

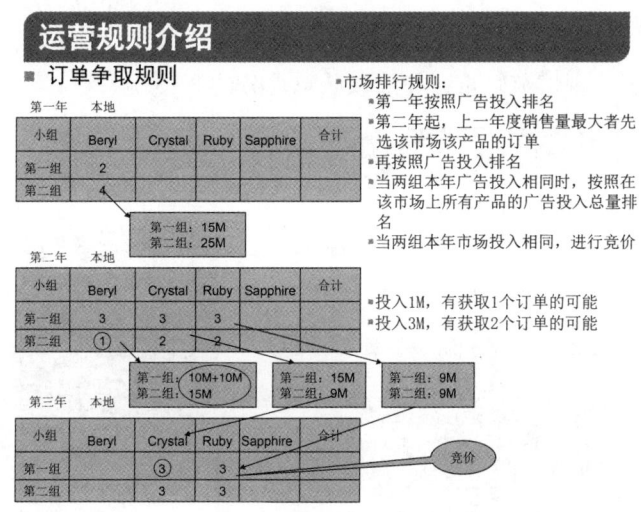

2. 罚分规则。

（1）运行超时扣分。

运行超时有两种情况：一是指不能在规定时间完成广告投放；二是指不能在规定时间完成当年经营（以单击系统中"当年结束"按钮并确认为准）。

处罚：按总分1分/分钟（不满1分钟算1分钟）计算罚分，最多不能超过5分钟。如果到5分钟后还不能完成相应的运行，将取消其参赛资格。

（2）报表错误扣分。

必须按规定时间上报报表，且必须是账实相符，如果上交的报表与创业者自动生成的报表对照有误，在总得分中扣罚1分/次，并以创业者提供的报表为准修订。

注意：必须对上交报表时间作规定，延误交报表即视为错误一次。由运营超时引发延误交报表视同报表错误并扣分。

（3）盘面不实扣分。

考虑到商业情报的获取，每年运行完成后，必须按照当年末结束状态，将运作结果摆在手工沙盘上，以便现场各队收集情报用。如果盘面与报表不符，扣1分/次。

（4）其他违规扣分。

在运行过程中下列情况属违规：

①对裁判正确的判罚不服从；

②在比赛期间擅自到其他赛场走动；

③指导教师擅自进入比赛现场；

④其他严重影响比赛正常进行的活动。

如有以上行为者，视情节轻重，扣除该队总得分的2~5分。

运营规则介绍

■ 订单交货规则

- 普通订单：按规定的交货期交货，不提前交货
- 加急订单：一季度后交货
- 无法按时交货：每过一个季度，按订单金额1/5罚款

- 交货后，按订单上的账期放入应收账款对应账期

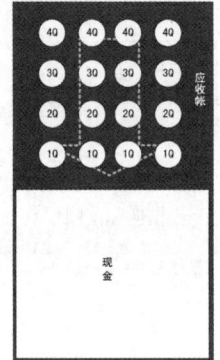

Beryl (Y4,本地)
4×4.3M=17M ISO9000
帐期:1Q   交货:Q2

Beryl (Y1,本地) 加急
4×4.3M=17M
帐期:现金   交货:Q1

运营规则介绍

■ 产品结构（BOM清单）——ERP中MRP运算的基础

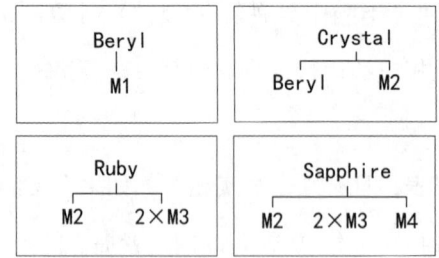

3. 破产处理

当参赛队权益为负（指当年结束系统生成生成资产负债表时为负）或现金断流时（权益和现金可以为零），企业破产。

破产队伍如为某市场老大,继续经营不影响其资格。

参赛队破产后,由裁判视情况适当增资后继续经营。破产队不参加有效排名。

为了确保破产队不致过多影响比赛的正常进行,限制破产队每年投放的广告总数不能超过 6M 并且不允许参加招标。

运营规则介绍

- **订单交易规则**
  - 订单允许转让,转让价格由双方协商。
- **产品交易规则**
  - 允许相互买卖产品,价格由双方协商
- **外协加工交易规则**
  - 可来料加工,完全外包加工等方式,价格由双方协商
  - 注:以上所有交易价格的纯收入记入营业外收益
- **企业并购规则:一企业破产后,其他企业可并购**
  - 注资:注入金额≥弥补该企业当年所有者权益,独立运营,股权比率:注资金额/(注资金额+总资产)
  - 合并:注入金额≥该企业一年内到期的负债额,集团企业运营

规则强调

1. 财务报表必须真实,如果查出假账,将处以相差金额的5倍罚款;
2. 必须按照规则运作,每发现一次违规,处以1M的罚款;
3. 银行贷款必须和银行协商,不能私自贷款,或者延长贷款期限。每发现一次违规,将处以5M的罚款;
4. 盘面信息真实,每发现一次作假,将处以1M的罚款;
5. 必须按照操作顺序进行,不能私自修改顺序。每发现一次违规,将处以1M的罚款;
6. 原材料采购、成品摆放必须按照位置,不能混用。每发现一次违规,将处以1M的罚款;
7. 每年度末提交报表,第一个提交报表的奖励1个M。

【初始年经营步骤】

1. 起始年计划。

2. 经营活动记录(记入相应角色的操作记录)。

3. 年终会议。(是否按照年初战略计划执行;执行中是否有突发情况;是否与计划有偏差;团队成员是否都认真履行各自职责,若出现问题主要是谁的责任,产生问题的原因是什么?)

4. 竞争对手信息调研。

5. 战略调整(主要指针对本年比赛中出现的自身问题如操作失误、计算失误等,或

者遇到不可预测的问题如竞争对手转变经营策略、恶意抢单等，从而导致没有按照年初战略计划顺利进行。请根据遇到的问题及问题严重性程度的不同，在分析出原因之后作出下一年策略的调整）。

任务二 编制起始年年末财务报表

1. 损益表

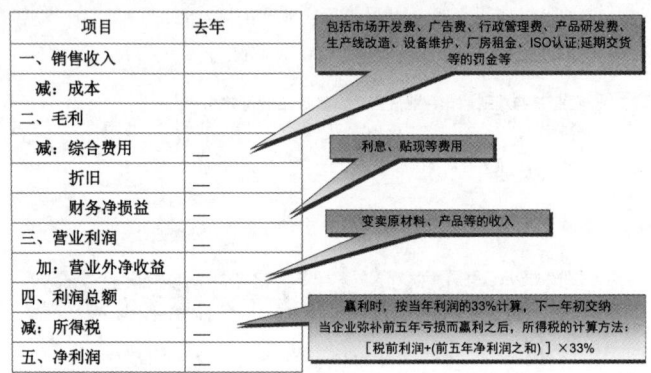

2. 资产负债表

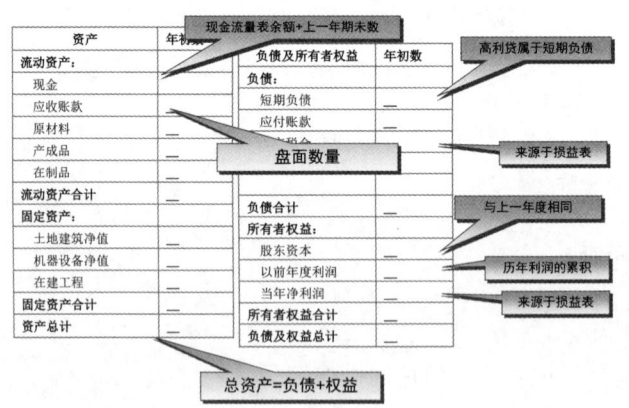

【学生练习】

请学生自行设计三大报表，并将初始年操作数据填入。

1. 损益表。

2. 资产负债表。

3. 现金流量表（现金收支明细表）。

参考答案：

损益表　　单位：百万

项目	年末
一、销售收入	36
减：成本	12
二、毛利	24
减：综合费用	8
折旧	3
财务净损益	1
三、营业利润	12
加：营业外净收益	0
四、利润总额	12
减：所得税	3
五、净利润	9

资产负债表　　单位：百万

资产	年初数	负债及所有者权益	年末
流动资产：		负债：	
现金	52	短期负债	20
应收账款		应付账款	0
原材料		应交税金	3
产成品	4	长期负债	0
在制品	8		
流动资产合计	64	负债合计	23
固定资产：		所有者权益：	
土地建筑净值	40	股东资本	70
机器设备净值	9	以前年度利润	11
在建工程	0	当年净利润	9
固定资产合计	49	所有者权益合计	90
资产总计	113	负债及权益总计	113

每年任务清单

任务				
支付应付税	★			
准备好新的一年（预算/广告投入）	★			
与客户见面（争取订单）-开订货会	★			
更新短贷/支付利息/获得新贷款/贴现	★	★	★	★
更新应付款	×	×	×	×
接受并支付已订原料	★	×	×	★
下原料订单	×	×	★	★
更新生产/完工入库	★	★	★	★
生产线调整/购买新设备	×	×	×	×
开始新生产	★	★	★	★
产品研发投资	×	×	×	×
更新应收款	×	×	×	×
交货给客户	×	×	×	×
支付行政管理费	★	★	★	★
更新长期贷款/支付利息/获得新贷款				★
支付设备维护费				×
支付租金/购买厂房				×
计提折旧				★
新市场开拓/ISO认证投资				×

现金收支明细

项目					
支付应付税	-	-3			
广告投入	-	×			
贴现费用	-				
短期贷款及利息				-11	-10
应付款到期支付	-				
采购原料/成品支付现金		-2			-2
变卖生产线/变卖原料	+				
生产线投资/变更生产线	-				
投产（加工费用）	-	-2	-1	-1	-2
销售收入	+				+36
应收款到期	+		+7	+7	+36
支付管理费	-	1	1	1	1
长期贷款及利息					+20
支付设备维护费	-				4
支付租金/购买厂房/研发投资	-				
新市场开拓/ISO认证投资	-				
收入总计	24				70
支出总计					42
现金流量					28+24

任务三　企业经营实战沙盘对抗经验总结

以下，仅代表个人观点，互相交流借鉴。

一　广告投入技巧

1. 市场"老大"。

市场"老大"在投广告费的时候，对需求量相对较大的产品 P2 或 P3、P4 最好投 3M。以免有人偷袭你的市场"老大"地位，而且如果有第二次选单机会，你可以选取一张单价比较好的订单。

2. 非市场"老大"。

在有市场"老大"的市场里最好打价格差，即投广告费时以 2、4、6、8 为主。

3. 新市场。

在新市场上，如果想要争市场"老大"的话，广告费必须打价格差，广告总额控制在 12 以上。如果不想争市场"老大"的话，广告费以 1、2 为主。

4. 认证广告。

自第 4 年起，必须要投。

5. 技巧。

在投广告费的时候，一定要综合各个组的产能及市场"老大"的情况。

比如，某一年，本地市场 A 组是市场"老大"，其产能是 8P2、12P3、8P4，而 P2、P3、P4 的总需求是 12、15、6，那么我们可以让市场"老大"P3 投 3 和 P4 投 1，同时，经过我们的估计，在其他各组中，只有 E 组能有多余的 5P2，那么 E 组肯定是接散单，所以，我们就可以投 3 或 4。

总结为以下几点：

（1）每年年初打广告时，要在上年年末时特别注意一下留存的现金，要保证足以支付下年的广告费，如若不够，则要立即贴现，留够下年的广告费，再做报表。（2）第 1 年投广告费时，一定要占领本地市场"老大"，而在以后几年市场竞争激烈时，至少要保住一个市场"老大"。另外，要问清楚评委老师有没有"二次加单"。如若没有，则营销总监只能根据市场预测一次性地投入广告费，这就从根本上给营销总监打广告增加了一定难度，就需要更好地预测及推测市场情况。（3）在接下来几年的运营中，广告费至关重要，一定不可马虎。只有广告打好了，才能保证拿好订单，否则，即使企业的生产能力再强，如果订单没拿够，那么生产出的产品库存积压卖不出去就又成了问题。如果订单拿够，而产品不够，就应及时考虑到其他企业，也就是周围的人力资源，做交易，卖出订单、买产品等，以确保企业的正常运行与稳步发展。

二 市场角度

本地市场，兵家开局必争之地。前3年P1、P2价格上涨，4年之后价格下滑。前3年可以为后期积累大量的基金，缓解贷款高利息所带来的压力。中后期可以持续发展，建议争夺经济资源。积压产品对前期基金短缺发展非常不利，市场"老大"不是1=1的关系，是1=1+1的关系，一次广告争夺成功等于两次主动占据市场龙头。

区域市场，开发期短，市场需求量大，3年后价格明显下滑，可以在前3年赚取足够利润后第4年退出。

国内市场，该市场的成型时期与P3产品的开始期极其接近，也正是P2产品的成熟期，此市场利润很大（相对P2与P3来说）。

亚洲市场，开发期长，P3的成熟期，有ISO认证要求，但是利润远远大于申请认证所花费的资金。此年可以放弃区域市场的争夺而转向亚洲市场。

国际市场，P2、P3、P4的价格平凡，但是P1的价格极大限度地回升，要想争此市场，至少要留1条P1生产线。

三 产品角度

P1，成本低，前期需求大。因为无须研制，所以前两年无疑就是P1的争夺战。主要销往3个市场：本地—区域—国际。

P2，成本不高，需求量稳定，材料补充快，研制周期短，倘若第一年本地市场"老大"位置没争夺到，可以利用提前开拓P2来争取区域市场"老大"位置。在第3年之后，可以由P2向P3转移继而争夺国内甚至亚洲"老大"位置。

P3，利润高，研发成本高，可以作为后期压制对手与翻盘的一把利剑，建议在第3年后主要生产P3来压制科技慢的企业。可以说谁控制了P3市场谁就能控制国内与亚洲市场。

P4，研发成本高，研发周期长，虽然说利润不菲，但是要求高，可销售时间不长，只有 2~3 年销售期，一般不建议研制 P4。

四 广告角度

想把商品卖出去必须抢到单子，如果小打广告小卖产品所得利润只能填补广告费与运营费用，而贷款的利息逐年扣除，为了维护自己的权益，必须适量销售产品。

至于广告费的多少可以从多角度考虑：如果观察到对方放弃大量产品的生产而在拼科技投入的时候，广告费不宜过大；如果发现各企业都大量屯货时，可以避其锋芒保单即可，也可以大胆压制，消耗对方的广告费，哪怕比第 2 名多投 5M。利润不在于所赚的毛利有多少，而在于与对手拉开的差距有多远，压制是一种保本逼迫对手急躁犯错的战术。

五 战略角度

ERP 里有多种经济战略，合适灵活的战术往往是持续发展的灵魂，举几种常见战术：

压制型，顾名思义，压制对手，从开场做起，最大限度地利用权益贷款，封锁本地市场最大利润销售线，利用长期+短期贷款大力发展生产与高科技路线，给每一个市场都施加巨大压力，当对手气喘不过来也开始贷款时，利用他们的过渡期可以一举控制两个以上的市场，继续封锁销售路线，逼迫对手无法偿还高息而走向破产。此战术不可做任何保留，短期双向贷款为的就是广告+科技+市场+生产线能最早成型，走此路线建议一定要争取第 1 和第 2 年的市场"老大"，巨额贷款的利息让人胆寒，无法控制市场取得最大销售量就等于自杀。

跟随型，这种企业只有一个目的：不破产。等机会在竞争激烈化后收拾残场，这样的企业一般不会破产，也不会拿到第一。首先在产能上要努力跟随位列前两名的竞争者的开发节奏，同时内部努力降低成本，在每次新市场开辟时均采用低广告策略，规避风险，稳健经营，在双方两败俱伤时立即占领市场。此策略的关键第一，在于一个稳字，即经营过程中一切按部就班，广告投入、产能扩大都是循序渐进，逐步实现，稳扎稳打。第二，要利用好时机，因为时机是稍纵即逝的，对对手一定要仔细分析。

保守型，前 4~5 年保住自己的权益不降，不贷款，小量生产，到最后一年全额贷款，开设多条生产线，购买厂房，把分数最大化。

忍辱负重型，这样的企业有多种分歧，有的在前期被压马上贷款转型，占据新开发的市场来翻盘；有的只研制 P1，尽量省钱在国际市场开放后一鼓作气垄断 P1 市场争取最大销售额；有的直接跳过 P2 的研制，从 P1 到 P3 转型，用新产品抢新市场份额；更有甚者忍 3 年，后期用纯 P4 占取市场最大毛利翻盘。这样的企业在前两年举动十分明显：不发展新产品但增加生产线，或者不抢市场份额而利用贷款增加生产线走高科技路线，此时便要时刻留意他们的发展，因为他们远比光明争夺市场的人更具威胁性，必须要在他们爆发的那个时期控制住他们。

六 资金角度

资金是企业运行的血脉，在权益下降时适时贷款是一个企业发展的必要决策。

1. 如果企业在第一年的第一季度短贷，则要在第二年的第一季度还本付息。如果所有者权益允许，则还可续借短贷，但要支付利息。如果是企业能力允许的情况下，短贷也可提前还款，同时支付利息。

2. 企业要充分利用短贷的灵活性，根据企业资金的需要，分期短贷，这样可以减轻企业的还款压力。

3. 长贷短贷在每次还款时，都要先看贷款额度。

4. 申请贷款时，要注意一点：所有者权益×2＝A，则：长贷≤A，短贷≤A

长贷和短贷是分开算利息的，短贷的利息低，可是一个企业要有所突破，光靠短贷根本无法维持，最好的方法就是长短贷相结合。贴息可以缓解经济压力，开始贴息换来的代价就是权益的下降，具有双面性。

七 生产线投放角度

想占取大面积市场份额必须能销售大量的产品，没有坚固的生产线根本无法与对手竞争，即使有单也未必敢接，造成了毁约更是得不偿失。

手工生产线，灵活，但是产率低，同样一年 1M 的维护费用，但是产率远远不及其他生产线。转产灵活与折旧费低是它的优势。

半自动生产线，产率比手工生产线高，但是不及全自动与柔性线，转产周期限制了它的灵活性，相对来说，是前两年比较实用的生产线。

全自动生产线，产率是最高的，折旧费用适中，既使产率最大化，也让自身效益保持稳定耗损。唯一不足的就是灵活性差，转产周期长，不建议转产，可用到最后。停产半年所造成的损失远比转产后所取得的经济效益大。

柔性线生产线，最灵活、产率最高的生产线。缺点是折旧率高，不建议多建设，准备一条转产备用即可。

为使效益最大化和权益最优化,全自动生产线是不二之选,因为折旧率直接和权益挂钩,产率和分值是和柔性线相等的,实为竞争利刃。

关注对手沙盘上的资料才能更顺利地运用自己的战术。

项目三　企业经营实战演练

【实验目的】

1. 熟悉企业运营的流程，增加对企业的认识；

2. 整合所学专业知识，完善知识体系；

3. 培养竞争意识和团队协作意识；

4. 提高经营决策能力；

5. 掌握对企业进行评价的方法。

【实验内容】

1. 年初 4 项工作：新年度规划会议、参加订货会/登记销售订单、制定新年度计划支付应付税；

2. 每季度 19 项工作：季初现金盘点、更新短期贷款/还本付息/申请短期贷款（高利贷）、更新应付款/归还应付款、原材料入库/更新原料订单、下原料订单、更新生产/完工入库、投资新生产线/变卖生产线/生产线转产、向其他企业购买原材料/出售原材料、开始下一批生产、更新应收款/应收款收现、出售厂房、向其他企业购买成品/出售成品、按订单交货、产品研发投资、支付行政管理费、其他现金收支情况登记；

3. 年末 6 项工作：支付利息/更新长期贷款/申请长期贷款、支付设备维护费、支付租金/购买厂房、计提折旧、新市场开拓/ISO 资格认证投资、结账。

【实验准备】

1. 多媒体教学设备；

2. 任务清单；

3. 各年订单；

4. 广告竞单表；

5. 本地市场、区域市场、国内市场、亚洲市场、国际市场标志；

6. P1、P2、P3、P4 产品标志。

【实验要求】

1. 由 CEO 主持按任务清单的顺序运营；

2. 团队成员各司其职进行运营和决策；

3. 企业管理团队根据所学专业知识独立做出决策；

4. 每一经营年度结束后要进行总结。

【操作指导】

1. 新年度规划会议：企业管理团队制订企业战略，做出经营规划、设备投资规划、营销策划方案等；

2. 参加订货会议/登记销售订单：营销总监参加销售会议，按市场地位、广告投放、竞争态势、市场需求等分配订单；

3. 制订年度计划：编制生产计划、采购计划、设备投资计划，进行资金预算；

4. 按季度进行运营：短期融资、采购、生产、投资、交货、产品研发、支付管理费用等；

5. 长期融资决策：更新长期贷款、支付利息、长期贷款申请；

6. 设备维护和计提折旧；

7. 新市场开拓与 ISO 认证投资；

8. 结账：编制利润表和资产负债表。

【课程开展中的注意事项】

1. 角色互换；

2. 团队协作；

3. 亲自操作，亲身感受；

4. 诚信经营，盘面信息真实。

任务一 第一年度经营

1. 年度计划。

```
总体战略：



经营战略：



经营计划：



职能部门计划：


```

2. 经营活动记录（记入相应角色的操作记录）。

3. 年终会议。(是否按照年初战略计划执行；执行中是否有突发情况；是否与计划有偏差；团队成员是否都认真履行各自职责，若出现问题主要是谁的责任，产生问题的原因是什么?)

4. 竞争对手信息调研。

(1) 广告投入情况。	
A	
B	
C	
D	
E	
F	
G	
H	

(2) 财务状况（现金、应收账款、长期贷款、短期贷款）。	
A	
B	
C	
D	
E	
F	
G	
H	

(3) 企业战略（市场开拓、产品研发、ISO 认证等）。	
A	
B	
C	
D	
E	
F	
G	
H	

续　表

(4) 产能（生产线类型、数量、生产状态等）。	
A	
B	
C	
D	
E	
F	
G	
H	
(5) 盈利情况（资产负债表、损益表）。	
A	
B	
C	
D	
E	
F	
G	
H	
(6) 其他。	

5. 战略调整（主要指针对本年比赛中出现的自身问题如操作失误、计算失误等，或者遇到不可预测的问题如竞争对手转变经营策略、恶意抢单等，从而导致没有按照年初战略计划顺利进行。请根据遇到的问题及问题严重性程度的不同，在分析出原因之后作出下一年策略的调整）。

任务二 第二年度经营

1. 年度计划。

（1）第一年回顾。

体会与收获：

①CEO 考虑：公司战略是否正确？市场、认证、产品、生产线、团队。

②CFO（财务总监）考虑：下面几年的资金预算、投资所需资金、融资渠道、成本控制。

③市场和研发总监：市场开拓、产品的研发、同行。

④财务科长（总监助理）：报表计算是否正确、资金运用是否合理？

⑤营销总监：市场开拓、如何加大公司的市场占有率和增加销售收入？

⑥生产采购总监：产能如何？如何生产出更多的优质产品？如何合理采购？

下一年计划：

①战略（市场、产品、固定资产投资）是否要调整？

②人员是否为最佳组合。

③下一年的资金预算与投资（市场、产品、固定资产）。

④下一年的广告投入。

⑤下一年的销售订单。

（2）第二年的重大决策。

第一季度：
_____

第二季度：
_____

第三季度：
_____

第四季度：
_____

敲黑板：制订计划前的回顾

总体战略：

经营战略：

经营计划：

职能部门计划：

2. 经营活动记录（记入相应角色的操作记录）。

3. 年终会议。(是否按照年初战略计划执行;执行中是否有突发情况;是否与计划有偏差;团队成员是否都认真履行各自职责,若出现问题主要是谁的责任,产生问题的原因是什么?)

4. 竞争对手信息调研。

(1) 广告投入情况。	
A	
B	
C	
D	
E	
F	
G	
H	

(2) 财务状况（现金、应收账款、长期贷款、短期贷款）。	
A	
B	
C	
D	
E	
F	
G	
H	

(3) 企业战略（市场开拓、产品研发、ISO 认证等）。	
A	
B	
C	
D	
E	
F	
G	
H	

续　表

(4) 产能（生产线类型、数量、生产状态等）。	
A	
B	
C	
D	
E	
F	
G	
H	
(5) 盈利情况（资产负债表、损益表）。	
A	
B	
C	
D	
E	
F	
G	
H	
(6) 其他。	

5. 战略调整（主要指针对本年比赛中出现的自身问题如操作失误、计算失误等，或者遇到不可预测的问题如竞争对手转变经营策略、恶意抢单等，从而导致没有按照年初战略计划顺利进行。请根据遇到的问题及问题严重性程度的不同，在分析出原因之后作出下一年策略的调整）。

任务三 第三年度经营

1. 年度计划。

经营的两年你了解市场和竞争对手吗?

SWOT 分析

strengths 优势	weaknesses 劣势
opportunities 机会	threats 威胁

第三年度战略要点（重大决策）

第一季度：
_____

第二季度：
_____

第三季度：
_____

第四季度：
_____

总体战略：

经营战略：

经营计划：

职能部门计划：

2. 经营活动记录（记入相应角色的操作记录）。

3. 年终会议。(是否按照年初战略计划执行；执行中是否有突发情况；是否与计划有偏差；团队成员是否都认真履行各自职责，若出现问题主要是谁的责任，产生问题的原因是什么?)

4. 竞争对手信息调研。

(1) 广告投入情况。	
A	
B	
C	
D	
E	
F	
G	
H	

(2) 财务状况（现金、应收账款、长期贷款、短期贷款）。	
A	
B	
C	
D	
E	
F	
G	
H	

(3) 企业战略（市场开拓、产品研发、ISO 认证等）。	
A	
B	
C	
D	
E	
F	
G	
H	

续 表

(4) 产能（生产线类型、数量、生产状态等）。	
A	
B	
C	
D	
E	
F	
G	
H	
(5) 盈利情况（资产负债表、损益表）。	
A	
B	
C	
D	
E	
F	
G	
H	
(6) 其他。	

· 83 ·

5. 战略调整（主要指针对本年比赛中出现的自身问题如操作失误、计算失误等，或者遇到不可预测的问题如竞争对手转变经营策略、恶意抢单等，从而导致没有按照年初战略计划顺利进行。请根据遇到的问题及问题严重性程度的不同，在分析出原因之后作出下一年策略的调整）。

第三年的重大决策：

第一季度：

第二季度：

第三季度：

第四季度：

任务四　第四年度经营

1. 年度计划。

总体战略：

经营战略：

经营计划：

职能部门计划：

2. 经营活动记录（记入相应角色的操作记录）。

3. 年终会议。(是否按照年初战略计划执行;执行中是否有突发情况;是否与计划有偏差;团队成员是否都认真履行各自职责,若出现问题主要是谁的责任,产生问题的原因是什么?)

4. 竞争对手信息调研。

(1) 广告投入情况。	
A	
B	
C	
D	
E	
F	
G	
H	

(2) 财务状况（现金、应收账款、长期贷款、短期贷款）。	
A	
B	
C	
D	
E	
F	
G	
H	

(3) 企业战略（市场开拓、产品研发、ISO 认证等）。	
A	
B	
C	
D	
E	
F	
G	
H	

续 表

(4) 产能（生产线类型、数量、生产状态等）。	
A	
B	
C	
D	
E	
F	
G	
H	
(5) 盈利情况（资产负债表、损益表）。	
A	
B	
C	
D	
E	
F	
G	
H	
(6) 其他。	

5. 战略调整（主要指针对本年比赛中出现的自身问题如操作失误、计算失误等，或者遇到不可预测的问题如竞争对手转变经营策略、恶意抢单等，从而导致没有按照年初战略计划顺利进行。请根据遇到的问题及问题严重性程度的不同，在分析出原因之后作出下一年策略的调整）。

资金断链的困境：

四通是中关村的最早海外上市的民营企业。自90年代初，四通从赖以发家的打字机产品行业淡出市场后，把触角伸向电机、电工、医药、建筑、芯片、电信等数十个行业。投资上百个项目无一做大，主业不突出，核心竞争力缺失，形象模糊，发展方向不明确，企业走下坡路。

太阳神在1993年营业额高达13亿，市场份额最高达63%。当年接连投资涉及房地产、餐饮、石油、电脑、化妆品等20多个项目，资金高达3.4亿，但不幸全部打水漂。1995年在香港上市股价大跌，1997年亏损1.59亿元。因投资失误而从此日落西山。

讨论：如何解决资金链困境

- 应收款贴现
- 厂房出售、抵押
- 短期高利贷
- 充分利用应付款

- 其他企业注资
- 企业并购
- 银行注资

任务五　第五年度经营

1. 年度计划。

总体战略：

经营战略：

经营计划：

职能部门计划：

---

2. 经营活动记录（记入相应角色的操作记录）。

3. 年终会议。(是否按照年初战略计划执行；执行中是否有突发情况；是否与计划有偏差；团队成员是否都认真履行各自职责，若出现问题主要是谁的责任，产生问题的原因是什么?)

4. 竞争对手信息调研。

(1) 广告投入情况。	
A	
B	
C	
D	
E	
F	
G	
H	

(2) 财务状况（现金、应收账款、长期贷款、短期贷款）。	
A	
B	
C	
D	
E	
F	
G	
H	

(3) 企业战略（市场开拓、产品研发、ISO 认证等）。	
A	
B	
C	
D	
E	
F	
G	
H	

续 表

(4) 产能（生产线类型、数量、生产状态等）。	
A	
B	
C	
D	
E	
F	
G	
H	
(5) 盈利情况（资产负债表、损益表）。	
A	
B	
C	
D	
E	
F	
G	
H	
(6) 其他。	

5. 战略调整（主要指针对本年比赛中出现的自身问题如操作失误、计算失误等，或者遇到不可预测的问题如竞争对手转变经营策略、恶意抢单等，从而导致没有按照年初战略计划顺利进行。请根据遇到的问题及问题严重性程度的不同，在分析出原因之后作出下一年策略的调整）。

任务六　第六年度经营

1. 年度计划。

```
总体战略：



经营战略：



经营计划：



职能部门计划：

```

2. 经营活动记录（记入相应角色的操作记录）。

3. 年终会议。(是否按照年初战略计划执行；执行中是否有突发情况；是否与计划有偏差；团队成员是否都认真履行各自职责，若出现问题主要是谁的责任，产生问题的原因是什么?)

4. 竞争对手信息调研。

(1) 广告投入情况。

A	
B	
C	
D	
E	
F	
G	
H	

(2) 财务状况（现金、应收账款、长期贷款、短期贷款）。

A	
B	
C	
D	
E	
F	
G	
H	

(3) 企业战略（市场开拓、产品研发、ISO 认证等）。

A	
B	
C	
D	
E	
F	
G	
H	

续　表

(4) 产能（生产线类型、数量、生产状态等）。	
A	
B	
C	
D	
E	
F	
G	
H	
(5) 盈利情况（资产负债表、损益表）。	
A	
B	
C	
D	
E	
F	
G	
H	
(6) 其他。	

5. 战略调整（主要指针对本年比赛中出现的自身问题如操作失误、计算失误等，或者遇到不可预测的问题如竞争对手转变经营策略、恶意抢单等，从而导致没有按照年初战略计划顺利进行。请根据遇到的问题及问题严重性程度的不同，在分析出原因之后作出下一年策略的调整）。

第六年回顾

体会与收获：
_____
_____

_____

计划：

_____
_____
_____

总评

经营 6 年之后，你的企业的得失：

_____
_____
_____
_____
_____

你对模拟经营一家企业的感受：

_____
_____
_____
_____

CEO 的艺术就在于在人、财、物这 3 者之间寻求平衡。

项目四 企业经营实战分析与总结

【实验目的】

1. 揭示企业内在价值；

2. 反思企业经营的成败；

3. 让学生感悟管理知识与管理实践之间的距离。

【实验内容】

1. 市场预测；

2. 竞争对手分析；

3. 市场占有率分析；

4. 财务分析。

【实验准备】

1. 多媒体教学设备；

2. 市场预测报告；

3. 财务报表。

【实验要求】

1. 对市场预测进行详细解读；

2. 对竞争对手的情况进行了解和分析；

3. 对历年的市场份额进行剖析；

4. 对历年的经营状况进行总结分析。

【操作指导】

1. 解读市场预测报告中的各市场、各产品的总需求量、价格、客户对技术及产品的质量要求等信息；

2. 营销总监通过实地调查了解同行业竞争对手的产品研发、市场开拓、生产能力、资本结构等情况，合理利用企业资源，制定竞争对策；

3. 使用广告的投入收益率广告指标，评价企业广告投入策略与竞争对手的差距；

4. 通过横向和纵向分析市场占有率指标，综合评定企业每一经营年度的市场地位和企业成长的历程；

5. 通过比率分析、结构分析、比较分析、趋势分析等评价企业的收益力、成长力、安定力、活动力、生产力；

6. 利用杜邦分析法深入分析和比较企业的综合经营业绩。

总结：点评——战略

你们经营走的是多元化还是专业化道路？

1. 企业拥有的独门武功，致胜武器；
2. 企业赖以生存的基本技巧，别人难以夺取或复制的能力。
（战略不能落实到结果和目标上就是空的战略。）

总结点评：竞争战略

资本竞争：商品的竞争——服务（产品）品牌的竞争——资本竞争（收购和兼并）

品牌的竞争：中国品牌的丢失（美加净，汇源果汁）新品牌成为名牌的成功率5%；美国需要花费1亿美元,中国5000万元，时间3年，巨额广告投入。

速度与规模的竞争（沃尔玛，大批量采购，现金支付，配送优势）
渠道的竞争

资产负债表：

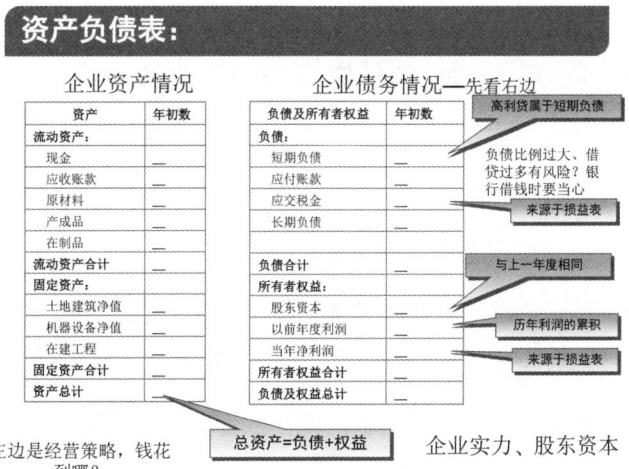

资源利用的三点：

- 资源要集中在主打产品上

- 资源要有效地区别

- 资源要弹性利用

- 要尽可能整合你能调用的所有资源（蒙牛资源整合的高手）

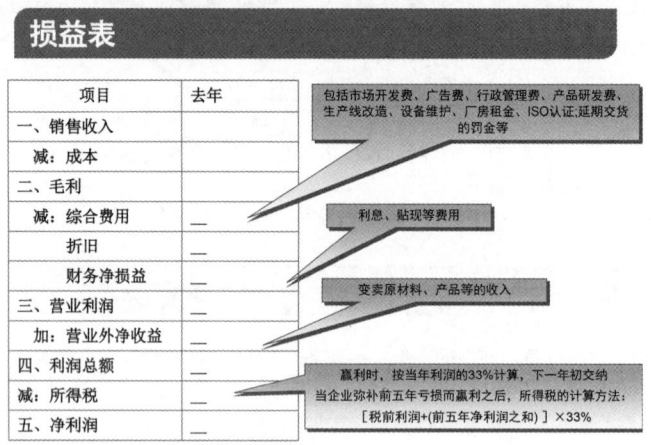

作业：分析报告

【角色经验之谈】

首席执行官（CEO）总结

在最开始，一直抱着游乐的情绪选择了 ERP 课程，开始的介绍课程和厚厚的讲义，认真地读完了，却不觉得自己获得很多知识，了解了一些概念，但却有很多不理解，例如：贴现问题，我们的财务总监给我解释了很多次，我依然没有彻底了解。

模拟开始，认真地攻读了老师的讲义，作为 CEO 我认真地制定了一套企业的内部制度。首先，对于自己企业的分工做了简单的调整，将市场、采购、生产和财务，调整为市场、研发、生产和财务，其中，采购职责划归生产总监，而市场开发、产品研发以及 ISO

认证从市场总监职责中划出，单立了研发总监，执掌这几个职责。在经营中，按照生产、研发、市场，向财务报告费用预算，财务向生产、研发、市场反馈可用金额，生产、研发、市场再分别按照资金调整计划。并约定，集体讨论时不允许任何人迟到（迟到有相应的罚款；最后没收到任何罚款，这使我很满意），不允许任何人以任何理由缺旷讨论。

有了良好的纪律，为我们组后期飞跃式的发展奠定了良好的基础。

但同样存在很多考虑不周的细节。最初，我认为大家只要在课前制定好了策略，到了课堂上，根据当堂形式，再做仔细的决策。有了这样良好的内部信息交流，加上前期目标的引导，就能使我们组有一个良好的发展。但开始试营业了，却迸发出诸多问题。

两次试营业大家都抱了试验的心态，没有细致的决策，没有认真的讨论，随意地制订了第一年的计划就上阵了。由于没有投广告，没有细致地考虑资金流、所有者权益增减，致使我们在第二年底就面临所有者权益为负，试营业终以破产为结局。

试营业的惨痛经历让我们不得不警醒，ERP并不是一场简单的游戏，它需要我们用心思考，认真规划，像经营一个真正的企业一样，仔细了解市场，分析资金流动，规划未来，6年的时间扭亏为盈，应用有限的资金，创造更大的价值。

小结的试营业期的问题，我们将每周三和周日固定的4个小时设置为讨论时间，讨论的不只是这一期的每一项具体的操作，还包括了详细的生产材料预订列表、广告投放方案、研发方案和完整的财务报表。相当于在开始这一年的经营之前，就进行了一次细致的模拟，保证了这一年的经营不会出现任何意外，而且保证了我们的资金能够最合理地利用，从而避免出现计算细节差错，致使企业现金断流，破产。

但问题依然在实践中层出不穷。广告费用的投入过多导致所有者权益急剧下降，而将重点放在最后一个市场也使我们拿单远少于预期，第二年在长贷和库存的阴影下度过了。痛定思痛，大家重新审视第一年，总结问题，放弃花重金争取市场"老大"的主意，力求稳健。

没想到当我们放弃争取时，却在第三年利用第二年的库存和合理的广告，获取订单取代别人拿到了区域市场的"老大"，一直保持到最后。这个市场"老大"为我们日后的发展埋下了伏笔。

细致的讨论使我们能够在一直的"低空飞行"中不至于破产，使我们的每一分钱都没有闲置在现金库中，或者是浪费在原材料库存上，每一分钱都流动起来，像滚雪球一样，使发展一直处于加速状态。

在 3 年的稳健发展之后，我们的企业日渐壮大，所有者权益一步步增加。从 10 到 20，直到最后一年猛增到 71，所有者权益直接翻了一倍。我坚信，如果还有后面的几期，我们组一定可以超越。

营销总监（CSO）报告

作为我们团队的营销总监，我感到十分庆幸，我们是一只亲密无间、团结合作的队伍。彼此合作所产生的愉悦，远远要超过了企业盈利所带来的欣喜，我们在高度合作的情况下，取得了傲人的成绩，我为自己团队的成绩而自豪。

作为营销总监，我的任务也十分明确，企业将生产何种产品？生产多少？广告投入如何？通过何种销售渠道？哪里将会是我们的目标市场？市场比例如何安排？这都是营销总监所要考虑和参与决策的问题。然而，这些问题不能毫无依据地解决，市场具有一定的灵活多变性，这些问题，很大部分都没有一个确定的答案，所以制定营销计划有很大的困难。但是，作为营销总监所要具备的一个素质是：在多变的市场中，根据对产品市场信息的分析、企业自身产能的了解及对竞争对手情况的探测，制定一个稳定但又不失灵活的方案，同时，在竞争进行时，要根据市场变化进行相应的变化，在有些情况下，提前一步于市场。一个真正成功的企业，甚至能影响和决定市场。

1. 市场策略的制定

在第二轮还未开始之前，我们就必须制定出一个合理的产品市场方案，根据已有的产品市场资料分析，此次的市场包括本地、区域、国内、亚洲、国际这 5 个市场，在这几个市场上不同的产品有着不同的价格和需求量。

同时在众多因素的影响下，这 7 年间各个市场在不同时间内有扩容或是缩小的现象，不同产品相对应的市场的容量也有不同的变化。

因此在这几年的企业的经营中，要明确市场导向，及时根据市场需求量和对应产品的需求量的变化做出调整，适应市场的发展，我们制定出如下计划：

产品策略：由市场预测可知 R 产品虽然研发成本较贵，但是越到后面的年份价格和需求量越大，且生产只需要 3 个材料费用和 1 个制造费用（全自动下），且只占用一条生产线。C产品虽然前几年市场前景广阔，但是后劲不足且生产C产品需要B产品做原料，大大限制了生产能力。S产品开发费用高且市场需求不大，故而本企业将以生产R产品为主，将初始年的B产品下线后，马上进行生产线的改造。同时留1~2条生产线做B的生产以减小全部生产R带来的高风险。

通过对本地市场B系列产品需求及价格的预测数据的分析，我们发现：除了国际市场，B产品的价格有逐年递减的趋势，并且一开始的价格也不高，只有5M左右。从第五年开始，B产品的纯利润将趋于零。为了企业的可持续发展，我们决定在第一年第一季度开始就投资新产品的研发。在选择开发哪种产品时，我们发现，R产品价格逐年上升，到了第四年达到B的两倍，其研发需投入12M；经过一年半的研发后即可投入生产，并且R产品越是到后面的年份市场越大、价格越高；对比起C产品，R产品实际只占用一条生产线，所以最终我们选择了研发R。根据市场资料分析，ISO系列的认证不会那么快出现故而此项研究我们安排在了第二、三年开始。

市场开发策略：未来7年由于市场的开拓直接关系到企业可以拿到的订单数量，也关系到企业差异化竞争的成败，故而市场的开拓在第一年年初就必须进行，但是从市场预测看，国际市场虽然开拓周期长可B产品需求巨大且价格高，国际市场也必须开拓。另外，因为本地市场毕竟容量有限，我们对区域市场、国内市场、亚洲市场和国际市场进行对比分析：进入时间分别需要2年、3年、4年，所需投资分别为1M、2M、3M、4M。因为我们的战略和生产能力需要大量的市场订单才能消化，所以我们将开发所有的市场。争取在以后R产品的竞争中取得2~3个市场"老大"的位置。

竞争策略：本公司主要走差异化竞争，直接跳过C产品，在R产品上投广告，确保取得1~2个市场的R产品市场"老大"地位。B产品上一直保持平稳生产以能消化产能为准。

广告策略：第一年投入4~6M的广告，只要拿到B的单即可，以后基本都做R单，B单能消化产能即可。根据市场容量制定出最合适的广告策略，以拿到市场"老大"为主要目的，但是不能使广告费用太高影响财务状况。另外注意有些年份的市场容量的变化和产品需求的变化，做好市场预测，拿到与生产能力相配套的单。

2. 市场策略的实施与经验教训。

第一年：第一年由于只能生产B，R产品尚未研发成功，生产线尚未改造成功，在本地市场中占领B产品的较大市场份额,希望争取成为在B产品本地市场的市场"老大"。考虑到第一年大家的产能一样,面对的目标市场也一样,广告投3的会很多,所以我们在本地市场广告投了4,拿到了两张B产品单子,销售额为32。根据计划进行R的研发、开拓区域、国内、亚洲、国际市场并获得了区域市场准入。

第二年:由于生产线即将建成,R产品也快开发完成,我们小组在年度广告上投了6M,希望能够多拿订单,做上市场"老大"。

事实上我们也基本上拿到了想象中的订单,根据我们对R深长能力的分析预算,我们的R产品在第3季度投产到第4季度可以产出3个,而我们拿到的订单总数是两个R,故而能基本满足。另外为了消化剩下的3个B的存货以及今年产出的4个B,我们在B上又投了2M的广告,拿到了4个B的订单。

另外考虑到以后的生产资格要求,开始研发ISO9000、ISO14000并在这年获得了国内市场准入资格。

第三年:由于在第三年R产品新增了区域和国内市场,我们希望通过加大广告投资,多拿订单,抢占市场"老大"的位置。我们投入16M的广告得到了6张订单:总量为9个R和6个B,总销售额超过100M。

此轮我们总共拿到了4个市场"老大"位置。在R产品方面,我们拿到了本地市场和国内市场的"老大"。在产品B方面,我们很轻易地拿到了国内市场"老大"的位置,在以后的生产中,我们只需投入1的广告,就可以轻而易举得拿到自己想要的B订单。但是再拿订单的时候我们错误地估计了B的生产能力导致B有违约风险。最后是从A公司和F公司高价买入两个B,使我们不至于违约,但是利润少了4M。

第四年:首先,我们对市场现状进行分析,在竞争对手上,我们与B组有着共同的核心产品和目标市场,产能上几乎一模一样,所以将B组作为我们的主要竞争对手是十分明确的。通过观察,除B组是我们的主要竞争对手外,另外还有两组有柔性线的也有生产R产品的可能性,但是据观察,他们的柔性线主要用于生产C产品,所以我们就不担心他们会来我们的目标市场上插一脚。

凭借上年我们在R市场上拿到了本地和国内两个"老大",今年继续稳做这两个市场的"老大",问题并不大。区域市场的"老大"被B组抢占,为公司长远竞争考虑,我们希望在本轮从区域市场上也抢一些订单,争取将区域市场抢回来。根据订单数量情况和其他组R产能状况，广告在区域市场投入较大，但是后来出现了意想不到的情况。根据我们的估测E组将主要生产C，但在这一轮，E组用其柔性线生产R，拿走了我们想要的区域的订单，造成区域市场被B组稳稳站住脚跟，也给我们的广告费造成一定的浪费。

在本地和国内市场上我公司基本拿到了非常好的订单，总共投入了14M的广告费，获得120M的销售额，毛利达到66M。

第五年：在B产品方面，由于我们的产能有限，所以对订单的要求也不高，投2个市场的1M广告费就基本能满足。

然而总结上年，我们和主要竞争对手B组各有自己的R产品市场"老大"，上一年在亚洲R市场没有市场"老大"，这一年争取获得亚洲市场的"老大"，我们就可以稳定胜局，所以在亚洲市场上投放了5M的广告，但是结果B组以1M的优势拿到了亚洲市场"老大"位置并且在这一个市场上就拿到90M的销售量，而我们在这一市场上投了5M的费用仅仅拿到了销售额为12的单子。

在此次广告投放中，最大的失败就是在亚洲市场上，我们的财务很明确地跟我讲过，最大广告财务预算为18M，但此轮我们投了16M，希望在最小成本内获得最大利益，结果还是由于过于胆小，失去了亚洲市场做"老大"的机会，同时也给B组反超的机会。

第六年：此年的市场情况可以说是尽收眼底，竞争对手明确，产能明确，市场"老大"明确，我们仅仅根据自己的产能情况就给出了广告费用分配情况。这一年，我们用了11M的广告费用，拿到了8张单子，销售额为162M。

由于我们在广告费已投的情况下决定下一轮改造生产线，将唯一B产品生产线改成R，全部生产R，B的产能减小2，造成投了广告却不能拿单的情况，浪费了1M的广告费。所以，在进行广告费投入之前，要对自己的产能有准确的估算，并且在拿单时，要做到每期产能和订单交货期没有矛盾，这样才能做到广告费不浪费，也不会产生违约情况。

第七年：这是决胜的一年，可是在这最后一年，我们在市场上和广告上却不能出奇制胜，原因是我们的产能已经固定不变，我们的市场和B组的目标市场几乎分离开来，互不影响。作为营销总监，此时所能做的是：合理分配广告费，将自己的产能最大化地消化掉。今年我们投入了15M的广告费，足足拿了9张单子，消化了我们的所有产能，但是因为想消化全部产能与有些单子的交货期出现一些冲突，最后我们的一张单子违约一季，少赚了2M。但是总体来讲，少赚也是赚，总比产能过剩好。

首席财务官（CFO）总结

我们组在召开的新年度规划会议上，大家各抒己见，终于确定了我们企业在未来几年的经营方向：从市场调查机构提供的对未来6年里各个市场的需求所做出的预测，第一次我们决定投资研发P4产品，并且开拓区域、国内市场，生产P1，用P4使企业能够提供足够多的产品不断满足不同市场的客户的需求，提高市场占有率，从而进一步提高企业的经营利润。第二次的时候我们选择了研发P3，主要生产P1，用P3产品来展开市场竞争。

1. 每年的经营状况分析。

第一年：我们进行了P1产品的生产，同时也对区域市场和国内市场进行开拓。虽然制定好了企业未来几年的经营决策，但是第一次模拟中，因为我们在竞争订单方面大量投入广告费，而其他的竞争者也大量投入广告费用，市场竞单拥有得很少，因而让别的组给抢了先机。我们组失去了大量订单，由于订单较少，可停止生产线只会增加更多的资金流失，而第二轮中我们适量的广告投入试探市场风险获得较多的订单，进而我们第一年在企业技术落后的情况下就可以赚得很多的利润。

第二年：我们继续开拓区域和亚洲市场，同时为了保证产品的质量，也为了达到某些市场上客户对产品质量的要求，我们对ISO9000资格认证进行了申请。第一次，我们组的谨慎致使我们的订单很少，而第二次我们的广告预测很准确使得在本地和区域市场上均拿到了不错的订单。为了提高生产能力，我们购进了一条半自动生产线加大生产，但是，在资金应用方面，我们组的思想还是比较保守的。在我们有贷款能力的时候，仅借了20M的短期贷款。这也说明我们没有做好下一年的资金预算，没有充分利用筹资渠道。

第三年：我们组的P1产品生产是主打，但订单在第一次的模拟中接受得较少，而F组的订单接得太多要与我们组合作（F组拿到的订单分我们一半，这样F组就可以有P1交货而不至于交违约金），我们接下了很多的订单，在没有广告费投入的情况下大赚了一笔。第二次由于我们前两年的订单生产都很好，队伍中形成了骄躁的风气，大量接了订单，最终我们P1产品生产不出来；而更新生产线租用了一个C厂房又要大量的花费，资金严重不足，无法进行周转和生产，在不得已的情况下，只能短期借款来补救。在资金紧缺的情况下，企业的运营已经显得有点力不从心，但生产能力强，P3产品给了我们丰厚的收入（虽是应收账款）。

第四年：在第三年的惨痛教训下，我们尽量提高对市场与生产的预测精确度。不能接受太多的单子。在生产控制方面，我们已经做到了原材料零库存了。而资金周转方面，由于我们生产很多的产品，总体来说我们在盈利。

第五年：凭借着第四年在广告投放分析和生产能力预测上的经验，我们在竞单会上第一次试验我们拿到的 P4 产品的订单，由于只有我们和 F 组有 P4 的生产，所以我们处于 P4 的寡头地位，只投入了 1M 就可以获得大的单子（但是 P4 的研发费用也是相当巨大的）。

第六年：今年我们不仅对全年的产品生产数量进行了预测，而且也对每季度的产品生产数量进行了预测，这样，我们在选择订单时就可以充分掌握可以交货的时间，并以此来选择应收账款的账期，使产品的销售收入可以得到充分的利用，而不需要再进行贴现。这样就可以在不浪费资金的情况下，使资金得到周转，节约了运营成本，提高了企业的利润。今年，我们企业经营得有条不紊，一切都在计划和掌控之中，完成了 P4 产品的订单。我们充分地占据着对 P4 的寡头地位，在区域和国内获得很高的盈利，可以看到我们不需要对亚洲市场过早开发，如果开发过早会导致企业资金使用紧张。在正确判断市场份额的占有情况后，完全可以延迟市场开发时间。

2. 我的角色——财务总监。

在沙盘模拟实验的过程中，我担任的角色是财务总监。我想财务总监的工作是一项具有挺大挑战性的工作，想要扮演好这个角色，首先就要具备过硬的财务知识，还要和各个部门很好地协调。因为我在财务方面并没有什么经验，所以心里觉得压力很大，但是我喜欢有挑战的工作，而且财务总监可以运用以前学过的财务知识，是对理论的一种实践。我便接受了这个职务，并告诉自己要以认真谨慎的态度做好这个角色。

财务总监的工作范围很广泛，它既是 CEO 的得力助手，在日常业务中与 CEO 并肩作战，及时监督企业的运作状况，必要时给予企业一个合理的建议；又要与运营总监进行有效的沟通，听取关于生产的规划方案，并给予最有力的支持；还要合理安排并支付采购总监拟订的采购计划；同时，每年年初还要给营销总监最大的财政支持用于广告费用等的支出。总之，财务总监的每件工作，都是别人无法替代的，并且有些事情是无法授权给他人的。

(1) 我的日常工作：

①总管公司会计、报表、预算工作；

②负责制定公司利润计划、资本投资、财务规划、销售前景、开支预算或成本标准；

③制定和管理税收政策方案及程序；

④针对 CEO 的战略规划做好现金预算；

⑤规划企业的贷款业务，总体平衡企业的各项指标；

⑥年终做出企业年度利润表、现金流量表、资产负债表；

⑦对下年度的总资金额、各项支出进行评估和预算。

(2) 我在工作中的失误：

①前三年，由于没有经验，在各年年初都没有进行资金的评估和预算；后面三年，虽然在每年年终做完三张表后，都有对下一年的资金应用做出估算，但估算过于粗略，对下一年资金的顺利运转并没有起到很好的促进作用。

②第三年年初，其他组欲与我们组合作，作为财务总监的我并没有对所提供的合作项目进行成本和收入的评价和预算，导致 CEO 在合作方面决策失误，企业第三年严重亏损，财务总监对此难辞其咎。

③融资方面，由于我思想比较保守，在企业有能力向银行借 40M 短期贷款的时候，我只决定借 20M，导致企业在后来的经营中资金严重紧缺。因所有者权益不足而无法再向银行借长期贷款和短期贷款，企业不得不出售厂房、借高利贷、将应收账款贴现，也因此造成企业的大量资金本不该有的损失。

3. 实验的总结与主要体会

结束了"6 年"的经营，课程也即将结束了，我们仍然觉得意犹未尽，看着桌面上经历了"6 年"拼搏之后的企业的现状，我们突然有点不舍，也很感慨。从一家曾经濒临破产的企业，到现在可谓是一家相当有实力、有潜力的企业，这一路经营下来，我们坚信，我们的企业才刚步入成熟期，以后的发展肯定会越来越好的。

"6 年"的辛苦经营使每个团队的经营潜力得到发挥，在这里看到激烈的市场竞争、部门间的密切协作、掌握的经营理念的迅速应用、团队的高度团结！在模拟过程中，胜利者自会有诸多经验和感叹，而失败者更会在遗憾中体悟和总结。可谓经营成败事，尽在沙盘中！

（1）在虚拟的公司里面，可以看到企业的现金流量、应收账款、工资费用、折旧费、生产线、市场认证、市场推广等运营指标，怎样让企业走向更美好的明天，不仅需要全体团结协作，还要有精明能干的CEO，制定一个整体的运营规划；精打细算的财务总监，编制预算表等资金控制表；纵观市场的营销总监，提高产品的市场占有率和收益率；熟练生产规则的运营总监，调整和控制生产能力；精确材料使用的采购总监，在控制成本的情况下保证原料的供应。

（2）应根据环境、战略与能力三者的关系，当环境发生变化时，为了适应这种变化，企业必须改变战略，制定出适应新环境的新战略。同样，当战略改变了，企业的能力也必须随着变化，从而使企业的能力能够符合战略的要求，保证战略的实现。

（3）具体的职业定位，做好每个职务都很不容易，最重要的，我想是要具有良好的职业素养以及与人合作的精神，还有就是坚持原则。

（4）注重团队协作、团队精神。整个实验中，CEO是舵手、财务总监是保驾护航、营销总监冲锋陷阵……他们是一环扣一环的，每一个角色都要各负其责，才能使整体得到最大的发挥。

（5）融资渠道的正确应用是至关重要的，向银行贷款其实是有利于企业的资金周转的，对企业起到的作用是不可忽视的，一定程度的负债对于企业来说并非坏事，它可以起到杠杆的作用。

（6）对企业要有全面、整体的调控，在研发产品和开拓市场的同时，要注意生产线的引进、生产能力的跟进，使之相匹配。也只有生产能力与开拓的市场相匹配时，企业才能获取最大的利润。

（7）遇到困境时要有乐观积极的态度，要对自己、对企业充满信心。暂时的困境或许可以给我们更多的思考、启发，让我们有更深刻的体会，也让我们学会如何调整好自己的心态，如何面对危机，如何处理危机。

（8）共赢互利的思想很重要。市场并不是独赢、双赢，而是共赢，如果一味想到的是压倒竞争对手的话，自己的利益也不会得到保障。追求共赢，争取把蛋糕做大。

作为企业的财务总监就是要管理做好企业融资和财务核算，以及对企业经营过程中的财务支出和风险有个良好的把握，同时在寻找融资伙伴时谨慎，要有严密的预测。沙盘模拟实验课让我在快乐中进行体验、在参与中得到学习、在实践中进行反思、在实战中得到提升！

生产总监（COO）

对我们组6年来模拟经营的一点思考：

作为我们组的采购总监及生产总监，下面就厂房、生产线、原材料采购方面分析一下6年来的得与失。

厂房：前5年租赁大厂房，第六年买大厂房，最后2年租赁小厂房，这一定程度上增加了每年的费用，降低了我们的利润，主要原因是没有达到足够的能力去购置厂房。所以在购置厂房问题上我们采用的是财务首位、厂房次之的战略。

生产线：在生产线的建造方面遗留了比较大的遗憾，第四年新建2条生产线，第五年新建4条生产线，导致生产线利用率不高。我们应该在比赛开始前做好对未来生产的大致规划，确定生产线建造的大致时间，再将所需资金告知财务人员，分析其可行性。这方面我们并没有做得太好，造成的结果是只能依赖财务来建造生产线，生产在一定程度上变成了被动的生产。

原材料：在原材料采购方面，我们组能够做到将采购数量细化到季度，减免了不必要的现金投入，充分利用每一笔资金。

半个学期的ERP沙盘模拟结束了，在6年的沙盘模拟经营中，有苦有累，但更多的是收获的喜悦。虽然我们只得到第三名，但这是我们通过自己努力后的收获，是我们团结一致、苦心经营的成果。不同于以往的各类课程，ERP沙盘模拟让我们更清醒地认识到实践的重要性，从第一次接触沙盘对ERP的懵懂，到不断重复地实验探索；从一次次各抒己见的头脑风暴，到每周两次硝烟弥漫的角逐，我们在摸索中一点点前行，步伐在前行中一步步坚定。对于企业经营之道的理解，终于不单单只是停留在书本的理论上，通过实际的操作，也初尝了其中的酸甜苦辣。

对ERP学习中收获的一点总结。

1. 用数字说话。

ERP实验就是要对企业的各项资源进行合理规划，这种规划不能只凭感觉去支配、决策，而是要根据所模拟的市场环境、企业竞争力等进行预测，制定合理的经营目标，以及发展战略，做出决策。而每一步都通过数据的比较分析得出，真正做到用数据说话。精准的预测计算不仅是短期经营稳定的保证，而且是准确制定发展路线、确定市场需求、赢得订单、扩展规模、减少损失、实现长期目标、求得权益最大化的一个关键。眼前的每一个步骤都与将来有着密切的联系，不能做到准确计算预测，就不能把握企业的命运。

"用数据说话"使我们避免了盲目无章的错误，让我们最终制定出符合我们公司稳步发展的正确方针。

2. 务实与展望并进。

ERP 不仅需要对企业短期经营进行规划，而且要进行长远规划；不仅要精确完成每个部门的工作，而且要求把每一步的经营放到整个供应链上来思考。因此，不论是一个团队的 CEO 还是其他成员，都必须统筹思考，用发展的眼光看问题。任何资源不仅要合理运用到当前的每一步，而且要保证将来运营时不会出现断裂问题。

3. 正视风险的存在。

即使提前做好预测工作，我们也必须知道在实际操作中所做的方案都必须适应环境的变动，规则的变动和竞争态势都是不能预料的，企业发展中关于风险和收益永远是个问题。是追求高利益高风险，还是追求平稳发展，做出选择前要慎思慎行，做出选择后必须勇于承担、灵活应对。最重要就是将所有可以控制的因素把握好，将不确定因素的干扰降到最小。

4. 我们是一个团队。

不论是模拟实验还是实际经营，说到底都是要靠团队去完成，如果说 ERP 让我了解到如何运营数据、合理规划资源，那么 ERP 模拟试验的经历则让我更深地了解到一个团队要取得胜利，必须上下齐心，团结一致，必须发挥每个人的作用。一个团队的各个成员就仿佛是一个企业的各项资源，同样是必须合理组合，并不是要某一个人把能力发挥到最多，也不能仅仅依赖某一个人的思想，只有相互激发引导，团队的智慧才会闪耀到极致，能量才会发挥到最大。

ERP 沙盘模拟是对传统教学方法的一种创新，它一定程度上模拟了企业的经营活动，让我们提早了解到以后职场中可能预见的问题，让我们能够在没有"撤销"按键的职场上走得更远。同样来说，在没有"悔棋"的人生之路上，我们是否也应该做到预先的模拟，关注的不仅仅是过去、现在，不仅仅是已成的事实，更要将眼光放向未来，让自己的人生走得更加精彩！

模块二　企业经营管理沙盘模拟对抗赛

【目的和意义】

1. 理解企业战略的重要性，学会用战略的眼光来看待企业的业务与经营。在比赛前能制定出适合自身团队的战略计划。

2. 团队成员明确自身的职责，并能在比赛中有效地履行。

3. 比赛中能注重团队合作，树立全局观念，团队成员能一起共同克服比赛过程中遇到的突发事件。

【要求】

1. 操作要求。

在对抗赛中，不同角色关注的部分不同。CEO 主要是控制整个企业按流程顺利运行；财务总监主要关注企业在运行中的现金流入、流出部分，及随时关注企业的资产负债表；营销总监关注产品的市场预测及制定当年所需投入的广告费用；生产总监关注生产线的变更、产能的计算；采购主管关注的是原材料订货和采购。

还有一点要特别说明的就是应严格按照模拟企业运行流程一步步运作，不要跳跃式运行。短期贷款和民间融资是每个季度都能贷（可以贷的前提是所有者权益要在 10 以上），而长期贷款只有第一年年底才能贷，在现金流运行到年底时就要决定是不是要增加长期贷款，而不是等到关账后甚至是下一年已经开始运行时，才想要长期贷款。然后一般就要等到第四年或第五年，企业开始盈利以后的年底才可以长期贷款。

2. 关于战略执行与修订。

各角色应根据前述企业战略规划，思索如何有效贯彻执行并确定执行细节。每个角色要认真阅读并思考以下相关角色的提示。

（1）CEO 首先要重点关注整体战略是否有偏差，并适时带领团队成员做出必要的调整；同时，控制企业严格按照流程运行。CEO 助理协助 CEO 工作，受 CEO 委托可以具体负责某些工作。

（2）COO 监督企业按流程运行，或受 CEO 委托控制企业按流程运行，以使 CEO 腾出时间和精力集中研究企业发展战略的问题。

（3）CFO 要认真执行具体的融资计划和资金使用计划，同时，负责组织做好财务收支、记账、生产线折旧、维护费提取等工作。CFO 助理或责任会计在 CFO 的领导下具体做好现金收支、记账和制作财务报表等工作。

（4）营销总监要根据营销计划，重点考虑好广告投放和争取订单的问题；同时，组织做好市场开拓投资、ISO 认证、产品交货收款、市场信息收集等工作。营销总监助理协助营销总监工作。

（5）生产总监/技术总监要认真执行产品开发计划、生产计划和设备投资及改造计划。生产总监助理协助生产总监工作，受生产总监委托可以具体负责某些工作，如执行具体生产任务等。

（6）采购主管要与生产总监密切配合，执行采购计划，保证按时、足量供应生产所需的原材料。采购主管助理协助采购主管具体执行采购任务。

（7）商业情报人员（如设）在营销总监的领导下，做好商业情报收集工作，同时参与营销决策。为此，商业情报人员首先要掌握竞赛规则，并清楚自己企业的情况，明确要收集哪些情报等。

企业战略不是一成不变的，而是要根据企业内、外部环境的变化和竞争对手的发展动态不断进行调整。每一年经营下来，都要检验企业战略的适用性，并根据以后年度的市场变化而变化。

3. 关于团队协作。

在正式对抗时，比赛所需时间就是一天甚至半天就结束，但是这短短的时间内，要求团队成员能在 CEO 的统一指挥下各司其职，尽可能发挥各自的作用，做到彼此尊重、以理服人、团结一致、积极向前。

【竞赛内容】

1. 竞赛内容。

沙盘模拟企业经营赛项将每个参赛队作为一个经营团队，每个团队分设总经理、财务总监、运营总监、营销总监 4 个岗位，各团队接手一个制造型企业，在仿真的竞争市场环境中，通过分岗位角色扮演，连续从事 6 个会计年度的模拟企业经营活动。

内容包括从战略层面进行内部资源与外部环境评估、长中短期策略制定、市场趋势预测及既定战略调整；从财务层面进行投资计划制定、掌握资金来源及用途，妥善控制成本，编制及分析财务报表；从运营层面进行产品研发决策、生产采购流程决策、库存管理、产销结合匹配市场需求；从营销层面进行市场开发决策、新产品开发、产品组合与市场决策定位。

在竞赛中，学生们将遇到企业经营中常出现的各种典型问题以及市场中变幻莫测的各种情况。参赛学生需要发现机遇、分析问题、制定决策，并且加以执行，解决问题，从而实现企业盈利及可持续发展。

2. 竞赛时间。

比赛内容	时间	备注
（1）市场活动：各市场广告投放、订单获取	70 分钟	第 2 年 10 分钟 第 3 年 10 分钟 第 4 年 15 分钟 第 5 年 15 分钟 第 6 年 20 分钟
（2）企业运营：产品研发、厂房生产线建设、采购、生产、市场开发、融资策略制定等	230 分钟	第 1 年 30 分钟 第 2~6 年每年 40 分钟
（3）运营分析：财务核算及其他企业经营状况分析	50 分钟	第 1~5 年每年 10 分钟
合计	350 分钟	

3. 竞赛成绩。

对抗赛竞赛评分方法采用由比赛软件系统自动生成的分数，扣除赛场违规行为扣分后得出最终得分，按该得分高低进行排序，分数高者为优胜。

项目一　企业经营管理沙盘对抗赛初赛

【实训目的】

通过初赛，增强学生对企业经营流程感知，熟悉实际工作中各岗位具体工作内容，提升团队合作能力,在角色扮演对抗演练中,对所学知识、经营过程进行总结与点评。

【实训内容】

1. 企业经营管理对抗赛第一年。

(1) 当年计划。

(2) 执行记录(记入相应角色的操作记录)。

（3）当年小结。(是否按照年初战略计划执行；执行中是否有突发情况；是否与计划有偏差；团队成员是否都认真履行各自职责，若出现问题主要是谁的责任，产生问题的原因是什么?)

(4) 竞争对手信息调研。

①广告投入情况。	
A	
B	
C	
D	
E	
F	
G	
H	

②财务状况（现金、应收账款、长期贷款、短期贷款）。	
A	
B	
C	
D	
E	
F	
G	
H	

③企业战略（市场开拓、产品研发、ISO认证等）。	
A	
B	
C	
D	
E	
F	
G	
H	

续　表

④产能（生产线类型、数量、生产状态等）。	
A	
B	
C	
D	
E	
F	
G	
H	
⑤盈利情况（资产负债表、损益表）。	
A	
B	
C	
D	
E	
F	
G	
H	
⑥其他。	

（5）下一年策略调整（主要指针对本年比赛中出现的自身问题如操作失误、计算失误等，或者遇到不可预测的问题如竞争对手转变经营策略、恶意抢单等，从而导致没有按照年初战略计划顺利进行。请根据遇到的问题及问题严重性程度的不同，在分析出原因之后做出下一年策略的调整）。

对抗赛第一年温馨提示：

第一年所有队伍站在同一起跑线上，踌躇满志，蓄势待发，看似运行起来很轻松的第一年却为后面能否打败竞争对手、赢得胜利埋下了深深的伏笔。通过多次的实训观察，想告诉同学们：

不要只关注自身经营状况，一定要从第一年就对竞争对手做透彻的分析，正所谓"知己知彼，百战不殆"。

操作每一个步骤都要经过严谨的思考，特别是涉及资金问题（主要是贷款的数额及什么时候贷款等）、生产线的购买（购买的时机和类型）。

2. 企业经营管理对抗赛第二年。

(1) 当年计划。

(2) 执行记录（记入相应角色的操作记录）。

（3）当年小结。（是否按照年初战略计划执行；执行中是否有突发情况；是否与计划有偏差；团队成员是否都认真履行各自职责，若出现问题主要是谁的责任，产生问题的原因是什么?）

（4）竞争对手信息调研。

①广告投入情况。	
A	
B	
C	
D	
E	
F	
G	
H	

②财务状况（现金、应收账款、长期贷款、短期贷款）。	
A	
B	
C	
D	
E	
F	
G	
H	

③企业战略（市场开拓、产品研发、ISO认证等）。	
A	
B	
C	
D	
E	
F	
G	
H	

续 表

④产能（生产线类型、数量、生产状态等）。	
A	
B	
C	
D	
E	
F	
G	
H	
⑤盈利情况（资产负债表、损益表）。	
A	
B	
C	
D	
E	
F	
G	
H	
⑥其他。	

(5) 下一年策略调整（主要指针对本年比赛中出现的自身问题如操作失误、计算失误等，或者遇到不可预测的问题如竞争对手转变经营策略、恶意抢单等，从而导致没有按照年初战略计划顺利进行。请根据遇到的问题及问题严重性程度的不同，在分析出原因之后做出下一年策略的调整）。

对抗赛第二年温馨提示：

第二年结束后各队伍之间开始有一定的差距，是因为大家选择的不同策略开始发挥效用了。同时，不同队伍间团队配合的程度也影响了成绩的好坏。这一年要注意的是：

1. 随着越往后，可生产和销售的产品增加，原材料的购买和计算、广告的投放等等也变得比第一年复杂起来，所以，此时担任不同角色的团队成员就要各司其职，同时还要精诚合作，才能在运行中减少出错的频率以及保证战略计划得以顺利执行。

2. 合理使用手中由贷款得来的资金，既不要铺张浪费不计后果地乱投入，也不要畏首畏尾不敢发展。要记住，在企业经营中风险和回报是并存的。

3. 企业经营管理对抗赛第三年。

（1）当年计划。

（2）执行记录（记入相应角色的操作记录）。

（3）当年小结。(是否按照年初战略计划执行；执行中是否有突发情况；是否与计划有偏差；团队成员是否都认真履行各自职责，若出现问题主要是谁的责任，产生问题的原因是什么?)

（4）竞争对手信息调研。

①广告投入情况。	
A	
B	
C	
D	
E	
F	
G	
H	

②财务状况（现金、应收账款、长期贷款、短期贷款）。	
A	
B	
C	
D	
E	
F	
G	
H	

③企业战略（市场开拓、产品研发、ISO认证等）。	
A	
B	
C	
D	
E	
F	
G	
H	

续 表

④产能（生产线类型、数量、生产状态等）。	
A	
B	
C	
D	
E	
F	
G	
H	
⑤盈利情况（资产负债表、损益表）。	
A	
B	
C	
D	
E	
F	
G	
H	
⑥其他。	

（5）下一年策略调整（主要指针对本年比赛中出现的自身问题如操作失误、计算失误等，或者遇到不可预测的问题如竞争对手转变经营策略、恶意抢单等，从而导致没有按照年初战略计划顺利进行。请根据遇到的问题及问题严重性程度的不同，在分析出原因之后做出下一年策略的调整）。

对抗赛第三年温馨提示：

第三年是一个转折点，大部分经营不善的队伍会在这一年被淘汰出局。

1. 操作每一个步骤前都要思考是否会对后面的经营产生影响，尤其是保证现金流的充足，以及原材料能按时、按量供应。

2. 能根据竞争情况适时调整策略，懂得如何避免激烈竞争。

4. 企业经营管理对抗赛第四年。

(1) 当年计划。

(2) 执行记录（记入相应角色的操作记录）。

（3）当年小结。(是否按照年初战略计划执行；执行中是否有突发情况；是否与计划有偏差；团队成员是否都认真履行各自职责，若出现问题主要是谁的责任，产生问题的原因是什么?)

（4）竞争对手信息调研。

①广告投入情况。

A	
B	
C	
D	
E	
F	
G	
H	

②财务状况（现金、应收账款、长期贷款、短期贷款）。

A	
B	
C	
D	
E	
F	
G	
H	

③企业战略（市场开拓、产品研发、ISO认证等）。

A	
B	
C	
D	
E	
F	
G	
H	

续 表

④产能（生产线类型、数量、生产状态等）。	
A	
B	
C	
D	
E	
F	
G	
H	
⑤盈利情况（资产负债表、损益表）。	
A	
B	
C	
D	
E	
F	
G	
H	
⑥其他。	

（5）下一年策略调整（主要指针对本年比赛中出现的自身问题如操作失误、计算失误等，或者遇到不可预测的问题如竞争对手转变经营策略、恶意抢单等，从而导致没有按照年初战略计划顺利进行。请根据遇到的问题及问题严重性程度的不同，在分析出原因之后做出下一年策略的调整）。

对抗赛第四年温馨提示：

熬过前三年的经营者们，恭喜你们，这时候你们的资金状况会开始逐步好转，之前负债累累的投入开始有了回报，会计报表上也许出现了盈利，希望的曙光就在眼前。

1. 第四年存活下来的队伍占领着各自不同的山头，分别生产着不同类型的产品在不同的市场进行着销售，竞争没有第三年来得激烈，但还是危机四伏，这时候就尤其要在广告投入上做好功课，把每一分钱都用在刀刃上，争取投资回报率最大化。

2. 有生产高新产品的队伍一定注意原材料的购买，提前算好采购周期。

3. 产能不高的队伍请根据各自资金状况准备更新高效率的生产线，为后期企业进一步的发展做好准备。

5. 企业经营管理对抗赛第五年。

（1）当年计划。

（2）执行记录（记入相应角色的操作记录）。

（3）当年小结。（是否按照年初战略计划执行；执行中是否有突发情况；是否与计划有偏差；团队成员是否都认真履行各自职责，若出现问题主要是谁的责任，产生问题的原因是什么？）

（4）竞争对手信息调研。

①广告投入情况。	
A	
B	
C	
D	
E	
F	
G	
H	

②财务状况（现金、应收账款、长期贷款、短期贷款）。	
A	
B	
C	
D	
E	
F	
G	
H	

③企业战略（市场开拓、产品研发、ISO认证等）。	
A	
B	
C	
D	
E	
F	
G	
H	

续 表

④产能（生产线类型、数量、生产状态等）。	
A	
B	
C	
D	
E	
F	
G	
H	
⑤盈利情况（资产负债表、损益表）。	
A	
B	
C	
D	
E	
F	
G	
H	
⑥其他。	

（5）下一年策略调整（主要指针对本年比赛中出现的自身问题如操作失误、计算失误等，或者遇到不可预测的问题如竞争对手转变经营策略、恶意抢单等，从而导致没有按照年初战略计划顺利进行。请根据遇到的问题及问题严重性程度的不同，在分析出原因之后做出下一年策略的调整）。

对抗赛第五年温馨提示：

到了第五年，各队伍都已基本得心应手，订单充足，生产线铺满厂房，不用再为下一季度还不上贷款忧心忡忡。

1. 此时各队伍不再仅仅以存活下来为主要目的了，各队伍要开始为比赛最终取得胜利各显神通，要认真研究比赛的得分规则，提前做好冲刺的准备。

2. 警惕竞争对手更换策略。

6. 企业经营管理对抗赛第六年。

(1) 当年计划。

(2) 执行记录（记入相应角色的操作记录）。

（3）当年小结。（是否按照年初战略计划执行；执行中是否有突发情况；是否与计划有偏差；团队成员是否都认真履行各自职责，若出现问题主要是谁的责任，产生问题的原因是什么?）

（4）竞争对手信息调研。

①广告投入情况。	
A	
B	
C	
D	
E	
F	
G	
H	

②财务状况（现金、应收账款、长期贷款、短期贷款）。	
A	
B	
C	
D	
E	
F	
G	
H	

③企业战略（市场开拓、产品研发、ISO认证等）。	
A	
B	
C	
D	
E	
F	
G	
H	

续 表

④产能（生产线类型、数量、生产状态等）。	
A	
B	
C	
D	
E	
F	
G	
H	

⑤盈利情况（资产负债表、损益表）。	
A	
B	
C	
D	
E	
F	
G	
H	

⑥其他。

（5）下一年策略调整（主要指针对本年比赛中出现的自身问题如操作失误、计算失误等，或者遇到不可预测的问题如竞争对手转变经营策略、恶意抢单等，从而导致没有按照年初战略计划顺利进行。请根据遇到的问题及问题严重性程度的不同，在分析出原因之后做出下一年策略的调整）。

对抗赛第六年温馨提示：

记住所有会影响得分的操作，更记住所有能提高得分的操作。

总的来说，六年下来，要学会提前做好规划；要学会遇到问题后分析产生问题的原因并不断总结；要学会灵活面对企业经营环境中复杂多变的各种状况；要学会和每一位队员通力合作并取长补短；要学会全盘思考问题，每一步既思前也想后，不盲目不冲动，胜不骄，败不馁。

项目二　企业经营管理沙盘对抗赛复赛

【实训目的】

通过复赛，进一步拓展学生知识体系，提升管理技能。学生在了解企业管理决策基本思想及流程的基础上，全面提高发现问题、分析问题、解决问题的能力，从而实现企业战略规划、资金筹集、市场营销、产品研发、生产组织、物资采购、设备投资与改造、财务预算与管理等企业管理决策。

1. 企业经营管理对抗赛第一年。

（1）当年计划。

（2）执行记录（记入相应角色的操作记录）。

（3）当年小结。（是否按照年初战略计划执行；执行中是否有突发情况；是否与计划有偏差；团队成员是否都认真履行各自职责，若出现问题主要是谁的责任，产生问题的原因是什么？）

（4）竞争对手信息调研。

①广告投入情况。	
A	
B	
C	
D	
E	
F	
G	
H	

②财务状况（现金、应收账款、长期贷款、短期贷款）。	
A	
B	
C	
D	
E	
F	
G	
H	

③企业战略（市场开拓、产品研发、ISO认证等）。	
A	
B	
C	
D	
E	
F	
G	
H	

续　表

④产能（生产线类型、数量、生产状态等）。	
A	
B	
C	
D	
E	
F	
G	
H	
⑤盈利情况（资产负债表、损益表）。	
A	
B	
C	
D	
E	
F	
G	
H	
⑥其他。	

（5）下一年策略调整（主要指针对本年比赛中出现的自身问题如操作失误、计算失误等，或者遇到不可预测的问题如竞争对手转变经营策略、恶意抢单等，从而导致没有按照年初战略计划顺利进行。请根据遇到的问题及问题严重性程度的不同，在分析出原因之后做出下一年策略的调整）。

2. 企业经营管理对抗赛第二年。

（1）当年计划。

（2）执行记录（记入相应角色的操作记录）。

（3）当年小结。（是否按照年初战略计划执行；执行中是否有突发情况；是否与计划有偏差；团队成员是否都认真履行各自职责，若出现问题主要是谁的责任，产生问题的原因是什么?）

（4）竞争对手信息调研。

①广告投入情况。	
A	
B	
C	
D	
E	
F	
G	
H	
②财务状况（现金、应收账款、长期贷款、短期贷款）。	
A	
B	
C	
D	
E	
F	
G	
H	
③企业战略（市场开拓、产品研发、ISO认证等）。	
A	
B	
C	
D	
E	
F	
G	
H	

续 表

④产能（生产线类型、数量、生产状态等）。	
A	
B	
C	
D	
E	
F	
G	
H	
⑤盈利情况（资产负债表、损益表）。	
A	
B	
C	
D	
E	
F	
G	
H	
⑥其他。	

（5）下一年策略调整（主要指针对本年比赛中出现的自身问题如操作失误、计算失误等，或者遇到不可预测的问题如竞争对手转变经营策略、恶意抢单等，从而导致没有按照年初战略计划顺利进行。请根据遇到的问题及问题严重性程度的不同，在分析出原因之后做出下一年策略的调整）。

3. 企业经营管理对抗赛第三年。

（1）当年计划。

（2）执行记录（记入相应角色的操作记录）。

（3）当年小结。（是否按照年初战略计划执行；执行中是否有突发情况；是否与计划有偏差；团队成员是否都认真履行各自职责，若出现问题主要是谁的责任，产生问题的原因是什么？）

（4）竞争对手信息调研。

①广告投入情况。	
A	
B	
C	
D	
E	
F	
G	
H	

②财务状况（现金、应收账款、长期贷款、短期贷款）。	
A	
B	
C	
D	
E	
F	
G	
H	

③企业战略（市场开拓、产品研发、ISO认证等）。	
A	
B	
C	
D	
E	
F	
G	
H	

续 表

④产能（生产线类型、数量、生产状态等）。	
A	
B	
C	
D	
E	
F	
G	
H	
⑤盈利情况（资产负债表、损益表）。	
A	
B	
C	
D	
E	
F	
G	
H	
⑥其他。	

（5）下一年策略调整（主要指针对本年比赛中出现的自身问题如操作失误、计算失误等，或者遇到不可预测的问题如竞争对手转变经营策略、恶意抢单等，从而导致没有按照年初战略计划顺利进行。请根据遇到的问题及问题严重性程度的不同，在分析出原因之后做出下一年策略的调整）。

4. 企业经营管理对抗赛第四年。

(1) 当年计划。

(2) 执行记录(记入相应角色的操作记录)。

（3）当年小结。（是否按照年初战略计划执行；执行中是否有突发情况；是否与计划有偏差；团队成员是否都认真履行各自职责，若出现问题主要是谁的责任，产生问题的原因是什么？）

(4) 竞争对手信息调研。

①广告投入情况。	
A	
B	
C	
D	
E	
F	
G	
H	

②财务状况（现金、应收账款、长期贷款、短期贷款）。	
A	
B	
C	
D	
E	
F	
G	
H	

③企业战略（市场开拓、产品研发、ISO 认证等）。	
A	
B	
C	
D	
E	
F	
G	
H	

续 表

④产能（生产线类型、数量、生产状态等）。	
A	
B	
C	
D	
E	
F	
G	
H	
⑤盈利情况（资产负债表、损益表）。	
A	
B	
C	
D	
E	
F	
G	
H	
⑥其他。	

（5）下一年策略调整（主要指针对本年比赛中出现的自身问题如操作失误、计算失误等，或者遇到不可预测的问题如竞争对手转变经营策略、恶意抢单等，从而导致没有按照年初战略计划顺利进行。请根据遇到的问题及问题严重性程度的不同，在分析出原因之后做出下一年策略的调整）。

5. 企业经营管理对抗赛第五年。

(1) 当年计划。

(2) 执行记录（记入相应角色的操作记录）。

（3）当年小结。（是否按照年初战略计划执行；执行中是否有突发情况；是否与计划有偏差；团队成员是否都认真履行各自职责，若出现问题主要是谁的责任，产生问题的原因是什么？）

(4) 竞争对手信息调研。

①广告投入情况。	
A	
B	
C	
D	
E	
F	
G	
H	

②财务状况（现金、应收账款、长期贷款、短期贷款）。	
A	
B	
C	
D	
E	
F	
G	
H	

③企业战略（市场开拓、产品研发、ISO认证等）。	
A	
B	
C	
D	
E	
F	
G	
H	

续 表

④产能（生产线类型、数量、生产状态等）。	
A	
B	
C	
D	
E	
F	
G	
H	
⑤盈利情况（资产负债表、损益表）。	
A	
B	
C	
D	
E	
F	
G	
H	
⑥其他。	

（5）下一年策略调整（主要指针对本年比赛中出现的自身问题如操作失误、计算失误等，或者遇到不可预测的问题如竞争对手转变经营策略、恶意抢单等，从而导致没有按照年初战略计划顺利进行。请根据遇到的问题及问题严重性程度的不同，在分析出原因之后做出下一年策略的调整）。

6. 企业经营管理对抗赛第六年。

(1) 当年计划。

(2) 执行记录（记入相应角色的操作记录）。

（3）当年小结。（是否按照年初战略计划执行；执行中是否有突发情况；是否与计划有偏差；团队成员是否都认真履行各自职责，若出现问题主要是谁的责任，产生问题的原因是什么?）

(4) 竞争对手信息调研。

①广告投入情况。	
A	
B	
C	
D	
E	
F	
G	
H	

②财务状况（现金、应收账款、长期贷款、短期贷款）。	
A	
B	
C	
D	
E	
F	
G	
H	

③企业战略（市场开拓、产品研发、ISO认证等）。	
A	
B	
C	
D	
E	
F	
G	
H	

续 表

④产能（生产线类型、数量、生产状态等）。	
A	
B	
C	
D	
E	
F	
G	
H	
⑤盈利情况（资产负债表、损益表）。	
A	
B	
C	
D	
E	
F	
G	
H	
⑥其他。	

（5）下一年策略调整（主要指针对本年比赛中出现的自身问题如操作失误、计算失误等，或者遇到不可预测的问题如竞争对手转变经营策略、恶意抢单等，从而导致没有按照年初战略计划顺利进行。请根据遇到的问题及问题严重性程度的不同，在分析出原因之后做出下一年策略的调整）。

项目三　企业经营管理沙盘对抗赛决赛

【实训目的】

通过决赛，全面提高竞赛者的综合素质。沙盘模拟作为企业经营管理仿真教学系统还可以用于综合素质训练，使受训者在以下方面获益：树立共赢理念、全局观念与团队合作，保持诚信、个性与职业定位，感悟人生，实现从感性到理性的飞跃。在对抗赛中，学生经历了一个从理论到实践再到理论的上升过程，把自己亲身经历的宝贵实践经验转化为全面的理论模型，达到磨炼其商业决策敏感度、提升决策能力及长期规划能力的目的。

1. 企业经营管理对抗赛第一年。

（1）当年计划。

（2）执行记录（记入相应角色的操作记录）。

（3）当年小结。（是否按照年初战略计划执行；执行中是否有突发情况；是否与计划有偏差；团队成员是否都认真履行各自职责，若出现问题主要是谁的责任，产生问题的原因是什么？）

（4）竞争对手信息调研。

①广告投入情况。	
A	
B	
C	
D	
E	
F	
G	
H	

②财务状况（现金、应收账款、长期贷款、短期贷款）。	
A	
B	
C	
D	
E	
F	
G	
H	

③企业战略（市场开拓、产品研发、ISO认证等）。	
A	
B	
C	
D	
E	
F	
G	
H	

续 表

④产能（生产线类型、数量、生产状态等）。	
A	
B	
C	
D	
E	
F	
G	
H	
⑤盈利情况（资产负债表、损益表）。	
A	
B	
C	
D	
E	
F	
G	
H	
⑥其他。	

（5）下一年策略调整（主要指针对本年比赛中出现的自身问题如操作失误、计算失误等，或者遇到不可预测的问题如竞争对手转变经营策略、恶意抢单等，从而导致没有按照年初战略计划顺利进行。请根据遇到的问题及问题严重性程度的不同，在分析出原因之后做出下一年策略的调整）。

2. 企业经营管理对抗赛第二年。

(1) 当年计划。

(2) 执行记录（记入相应角色的操作记录）。

（3）当年小结。（是否按照年初战略计划执行；执行中是否有突发情况；是否与计划有偏差；团队成员是否都认真履行各自职责，若出现问题主要是谁的责任，产生问题的原因是什么？）

(4) 竞争对手信息调研。

①广告投入情况。	
A	
B	
C	
D	
E	
F	
G	
H	

②财务状况（现金、应收账款、长期贷款、短期贷款）。	
A	
B	
C	
D	
E	
F	
G	
H	

③企业战略（市场开拓、产品研发、ISO 认证等）。	
A	
B	
C	
D	
E	
F	
G	
H	

续 表

④产能（生产线类型、数量、生产状态等）。	
A	
B	
C	
D	
E	
F	
G	
H	
⑤盈利情况（资产负债表、损益表）。	
A	
B	
C	
D	
E	
F	
G	
H	
⑥其他。	

（5）下一年策略调整（主要指针对本年比赛中出现的自身问题如操作失误、计算失误等，或者遇到不可预测的问题如竞争对手转变经营策略、恶意抢单等，从而导致没有按照年初战略计划顺利进行。请根据遇到的问题及问题严重性程度的不同，在分析出原因之后做出下一年策略的调整）。

3. 企业经营管理对抗赛第三年。

(1) 当年计划。

(2) 执行记录（记入相应角色的操作记录）。

（3）当年小结。(是否按照年初战略计划执行；执行中是否有突发情况；是否与计划有偏差；团队成员是否都认真履行各自职责，若出现问题主要是谁的责任，产生问题的原因是什么?)

(4) 竞争对手信息调研。

①广告投入情况。	
A	
B	
C	
D	
E	
F	
G	
H	

②财务状况（现金、应收账款、长期贷款、短期贷款）。	
A	
B	
C	
D	
E	
F	
G	
H	

③企业战略（市场开拓、产品研发、ISO认证等）。	
A	
B	
C	
D	
E	
F	
G	
H	

续 表

④产能（生产线类型、数量、生产状态等）。	
A	
B	
C	
D	
E	
F	
G	
H	
⑤盈利情况（资产负债表、损益表）。	
A	
B	
C	
D	
E	
F	
G	
H	
⑥其他。	

（5）下一年策略调整（主要指针对本年比赛中出现的自身问题如操作失误、计算失误等，或者遇到不可预测的问题如竞争对手转变经营策略、恶意抢单等，从而导致没有按照年初战略计划顺利进行。请根据遇到的问题及问题严重性程度的不同，在分析出原因之后做出下一年策略的调整）。

4. 企业经营管理对抗赛第四年。

(1) 当年计划。

(2) 执行记录(记入相应角色的操作记录)。

（3）当年小结。(是否按照年初战略计划执行；执行中是否有突发情况；是否与计划有偏差；团队成员是否都认真履行各自职责，若出现问题主要是谁的责任，产生问题的原因是什么?)

（4）竞争对手信息调研。

①广告投入情况。	
A	
B	
C	
D	
E	
F	
G	
H	

②财务状况（现金、应收账款、长期贷款、短期贷款）。	
A	
B	
C	
D	
E	
F	
G	
H	

③企业战略（市场开拓、产品研发、ISO认证等）。	
A	
B	
C	
D	
E	
F	
G	
H	

续　表

④产能（生产线类型、数量、生产状态等）。

A	
B	
C	
D	
E	
F	
G	
H	

⑤盈利情况（资产负债表、损益表）。

A	
B	
C	
D	
E	
F	
G	
H	

⑥其他。

（5）下一年策略调整（主要指针对本年比赛中出现的自身问题如操作失误、计算失误等，或者遇到不可预测的问题如竞争对手转变经营策略、恶意抢单等，从而导致没有按照年初战略计划顺利进行。请根据遇到的问题及问题严重性程度的不同，在分析出原因之后做出下一年策略的调整）。

5. 企业经营管理对抗赛第五年。

(1) 当年计划。

(2) 执行记录(记入相应角色的操作记录)。

（3）当年小结。（是否按照年初战略计划执行；执行中是否有突发情况；是否与计划有偏差；团队成员是否都认真履行各自职责，若出现问题主要是谁的责任，产生问题的原因是什么？）

（4）竞争对手信息调研。

①广告投入情况。	
A	
B	
C	
D	
E	
F	
G	
H	
②财务状况（现金、应收账款、长期贷款、短期贷款）。	
A	
B	
C	
D	
E	
F	
G	
H	
③企业战略（市场开拓、产品研发、ISO 认证等）。	
A	
B	
C	
D	
E	
F	
G	
H	

续　表

④产能（生产线类型、数量、生产状态等）。	
A	
B	
C	
D	
E	
F	
G	
H	
⑤盈利情况（资产负债表、损益表）。	
A	
B	
C	
D	
E	
F	
G	
H	
⑥其他。	

（5）下一年策略调整（主要指针对本年比赛中出现的自身问题如操作失误、计算失误等，或者遇到不可预测的问题如竞争对手转变经营策略、恶意抢单等，从而导致没有按照年初战略计划顺利进行。请根据遇到的问题及问题严重性程度的不同，在分析出原因之后做出下一年策略的调整）。

6. 企业经营管理对抗赛第六年。

(1) 当年计划。

(2) 执行记录(记入相应角色的操作记录)。

（3）当年小结。（是否按照年初战略计划执行；执行中是否有突发情况；是否与计划有偏差；团队成员是否都认真履行各自职责，若出现问题主要是谁的责任，产生问题的原因是什么？）

（4）竞争对手信息调研。

①广告投入情况。	
A	
B	
C	
D	
E	
F	
G	
H	

②财务状况（现金、应收账款、长期贷款、短期贷款）。	
A	
B	
C	
D	
E	
F	
G	
H	

③企业战略（市场开拓、产品研发、ISO认证等）。	
A	
B	
C	
D	
E	
F	
G	
H	

续 表

④产能(生产线类型、数量、生产状态等)。	
A	
B	
C	
D	
E	
F	
G	
H	
⑤盈利情况(资产负债表、损益表)。	
A	
B	
C	
D	
E	
F	
G	
H	
⑥其他。	

（5）下一年策略调整（主要指针对本年比赛中出现的自身问题如操作失误、计算失误等，或者遇到不可预测的问题如竞争对手转变经营策略、恶意抢单等，从而导致没有按照年初战略计划顺利进行。请根据遇到的问题及问题严重性程度的不同，在分析出原因之后做出下一年策略的调整）。

参考文献

刘平. 管理综合实训：基于企业经营沙盘模拟对抗 [M]. 北京：清华大学出版社，2010.

王效忠，薛亚华. 企业经营实战教程：第2版 [M]. 南京：南京大学出版社，2013.